T0163924

COMMENTAIRE RAISONNÉ
DE LA *RHÉTORIQUE* D'ARISTOTE

DU MÊME AUTEUR

Découverte et justification en science, Paris, Klincksieck, 1979

Logique, langage et argumentation, Paris, Hachette, 1982 ; 2 e éd., 1985

Science et métaphysique chez Kant, Paris, PUF, 1988, 1995

Le philosophe et les passions. Esquisse d'une histoire de la nature humaine, Paris, Hachette, 1991 ; 2 e éd., PUF, 2007

Langage et Littérature, Paris, PUF, 1992, 2001

Questions de rhétorique, Paris, Hachette, 1993

Rhetoric, Language and Reason, Pennsylvania State Press, 1994

De l'insolence : essai sur la morale et le politique, Paris, Grasset, 1995 ; Paris, Hachette, 1998

Les passions ne sont plus ce qu'elles étaient, Bruxelles, Labor, 1998

Histoire de la Rhétorique des Grecs à nos jours, (et al), Paris, Hachette, 1999

Pour une histoire de l'ontologie, Paris, PUF, 1999

Petite métaphysique de la différence, Paris, Hachette, 2000 ; 2 e éd., Paris, PUF, 2008

Questionnement et Historicité, Paris, PUF, 2000 ; 2 e éd., 2011

Le comique et le tragique. Penser le théâtre et son histoire, Paris, PUF, 2003, 2004

La rhétorique, Paris, PUF, 2004 ; 4 e éd., 2013

Eric-Emmanuel Schmitt ou les identités bouleversées, Paris, Albin Michel, 2004

Comment penser la réalité ?, Paris, PUF, 2005

Qu'est-ce que l'argumentation ? Paris, Vrin, 2005 ; 2 e éd., 2007

Rome et la naissance de l'art européen, Paris, Arléa, 2007 ; Arléa Poche, 2012

De la problématologie, Paris, Mardaga, 1986 ; Le Livre de Poche, 1994 ; PUF, 2009

Principia Rhetorica, Paris, Fayard, 2008 ; 2 e éd., Paris, PUF, 2010

La Problématologie, Paris, PUF, 2010

Qu'est-ce que le refoulement ?, Paris, Cahiers de L'Herne, 2012

Principia Moralia, Paris, Fayard, 2013

Qu'est-ce que l'Histoire, progrès ou déclin ?, Paris, PUF, 2013

Qu'est-ce que le théâtre ?, Paris, Vrin, 2014

Art and Rhetoric in Roman Culture, edited with Jás Elsner, Cambridge University Press, 2014

Qu'est-ce que le questionnement ?, Paris, Vrin, 2016

What is Rhetoric ?, Oxford University Press, 2017

Qu'est-ce que la philosophie ?, Paris, Le Livre de Poche, 1997 ; 2 e éd., Paris, Vrin, 2018

BIBLIOTHÈQUE D'HISTOIRE DE LA PHILOSOPHIE

Fondateur Henri GOUHIER   Directeur Emmanuel CATTIN

Michel MEYER

COMMENTAIRE RAISONNÉ
DE LA *RHÉTORIQUE* D'ARISTOTE

PARIS

LIBRAIRIE PHILOSOPHIQUE J. VRIN

6 place de la Sorbonne, V ᵉ

2020

© *Librairie Philosophique J. VRIN*, 2020
ISSN 0249-7980
ISBN 978-2-7116-2972-5
www.vrin.fr

Nous ne délibérons que sur les questions qui sont manifestement susceptibles de recevoir deux solutions opposées.

Rhétorique (1357a)

ÉDITIONS DE LA RHÉTORIQUE

En langue française

CHIRON P., *Rhétorique*, Paris, Flammarion, 2007.
DUFOUR F. et A. WARTELLE, *La Rhétorique*, Paris, Les Belles Lettres, repris en Tel-Gallimard, 1998.
LAUXEROIS J., *Rhétorique*, Paris, Pocket-Agora, 2007.
MOTTE A., *Rhétorique* dans *Œuvres*, « Bibliothèque de la Pléiade », Paris, Gallimard, 2015.
RUELLE C. E., *Rhétorique*, Paris, Le Livre de Poche, 1991.

En langue espagnole

RACINERO Q., *Retórica*, Madrid, Gredos, 1990.

En langue anglaise

FREESE J. H., *The Art of Rhetoric*, Harvard University Press, Loeb Classical Library, 1926.
KENNEDY G., *On Rhetoric*, Oxford, 2007.
RHYS ROBERTS W., *Rhetoric* in J. Barnes *The Complete Works of Aristotle*, Princeton, 1984.

En langue italienne

DORATI M., Aristotele. *Retorica*, Milan, Mondadori, 1996.
PLEBE A., *Retorica*, Milan, Laterza, 1961.

Le texte que nous utiliserons ici est la traduction de P. Dufour et A. Wartelle, que nous modifierons à l'occasion, ou même, parfois, que nous délaisserons pour une autre déjà établie et dont la liste est reprise ci-dessus.

PRÉSENTATION

Il est grand temps aujourd'hui de livrer au public philosophique comme à tous ceux qui s'intéressent à la rhétorique une analyse d'ensemble du traité fondateur de la discipline, la *Rhétorique* d'Aristote. Elle fait partie de ces œuvres toujours actuelles du Philosophe. Elle interpelle par sa modernité, sa puissance interrogative, l'ampleur du champs couvert, qui va du droit à la décision politique, de l'analyse des passions à celle du style.

De nombreuses études lui ont été consacrées.[1] Les unes analysent l'œuvre mot à mot, d'autres se livrent à des interprétations d'ensemble dont la généralité déborde trop souvent le texte, qui passe ainsi au second rang. Celui-ci doit-il être d'ailleurs considéré comme un traité du savoir vivre-ensemble dans une société démocratique où l'on discutait de tout, une sorte d'éthique, ou consacre-t-il la nécessité de convaincre pour vaincre, ce qui sera assimilé plus tard à la propagande, rhétorique que Platon condamnait pour n'être ainsi que manipulation des esprits?[2] Plus positivement, ne convient-il pas plutôt de voir dans ce livre

---

1. Parmi les plus célèbres, E. Cope, *Aristotle : Rhetoric*, 3 vol, Cambridge University Press (1877), 2010 et W. Grimaldi, *Rhetoric*, New York, Fordham University Press, vol. I, 1980 et vol. II, 1988.
2. E. Garver, *Aristotle's Rhetoric, An Art of Character*, University of Chicago Press, 1995.

une proposition d'étendre la rationalité à des formes plus faibles d'inférence, les plus « molles » disent souvent les partisans de la logique contemporaine, devenue aujourd'hui la logique mathématique ? Bref, quel type de lecture choisir ? Cela ne nous oblige-t-il pas à revenir au texte lui-même, dans sa richesse, mais aussi dans ses ambiguïtés ? Ces points d'ancrage multiples et peut-être contradictoires, rendent aussi la *Rhétorique* d'Aristote plus riche et plus générale qu'il n'y paraît. Elle n'est qu'une simple analyse technique visant à théoriser une discipline aux contours encore mal définis, aux ambitions en apparence incompatibles, du raisonnement à la séduction en passant par la littérature. N'oublions pas que l'ouvrage d'Aristote est le seul où l'on parle des passions en rhétorique et de leur rôle. Ce sera d'ailleurs le premier traité sur ce sujet, et le dernier, car ensuite, les passions relèveront plutôt de la psychologie. Avec le règne du christianisme, les passions seront assimilées aux excès et aux débordements de la nature humaine, livrée depuis la naissance au péché selon l'Eglise. Il faut dire que les passions expriment à merveille les hommes au pire d'eux-mêmes dans un monde en décadence et en voie de disparition, plus préoccupé par lui-même plutôt que par la Cité de Dieu, qu'Augustin appelait de tous ses vœux. La rhétorique s'accommode mal des régimes forts ainsi que des religions qui condamnent les passions faute d'arriver à les contenir. Mais il en va des passions, qui disparaîtront de la rhétorique, comme des arguments ou du style : de nouvelles disciplines s'en empareront. Ainsi, la science et sa méthode analytique vont monopoliser l'étude et la construction des arguments probants ; la théorie littéraire va s'accaparer le style, condamnant la rhétorique à ne plus être qu'une carcasse vide de figures redondantes destinées à habiller une littéralité à laquelle le courtisan, par prudence, devait éviter d'avoir recours pour sa survie. On est loin du destin ambitieux qu'Aristote assignait à la rhétorique. Heureusement, à l'heure actuelle, la rhétorique revit grâce à de multiples approches. Elles revêtent des habillages théoriques divers, mais elles ne sont pas structurées au point de pouvoir former un tout unique et fondé. Le retour de la rhétorique auquel on a assisté depuis les années soixante du siècle passé se manifeste aussi par une recherche de l'unité du champ rhétorique, et c'est bien ce qu'avait imaginé et projeté Aristote, mais qu'il n'a pu lui-même expliciter, ne livrant que des clés, mais qui demeurent indispensables si on veut aller plus loin. C'est pourquoi il est grand temps de revenir à Aristote, sans tomber ni dans le mot-à-mot philologique – une lecture philologique d'un texte vise à interpréter le texte par les seuls mots du texte même –, ni à l'inverse, dans la généralité flottante et nourrie de principes dont l'intérêt est extérieur au texte et à la discipline. C'est cet entre-deux que nous appelons un *commentaire raisonné* (ou *critique*), et c'est à ce genre d'analyse que nous entendons nous livrer ici.

COMMENT S'ARTICULENT LES TROIS LIVRES DE LA *RHÉTORIQUE* D'ARISTOTE ET LES TROIS GENRES DE QUESTIONS DONT TRAITE LA RHÉTORIQUE ?

Quand on ouvre le livre d'Aristote et qu'on se plonge dans ce qu'on appelle aujourd'hui sa table des matières, on est frappé d'emblée par le caractère apparemment disparate des sujets abordés. Le sentiment d'étrangeté tient, on l'a dit, au fait que bon nombre des questions dont s'occupe Aristote ont été accaparées ensuite par diverses disciplines et par des conceptions de l'homme très différentes, les arrachant du même coup à son projet initial.

L'ouvrage comprend trois grandes parties, et on a vite le sentiment que le lien entre elles n'a rien d'évident. Le Livre I vise à définir la rhétorique par la spécificité de son mode de raisonnement, distinct de la science. La rationalité qui s'y joue est plus faible que celle qu'offre le raisonnement scientifique, car les conclusions n'y sont pas contraignantes, comme dans les syllogismes exigés par la science, mais c'est aussi une rationalité plus large, plus souple, plus ouverte sur la vie de tous les jours, et qui va de la conversation quotidienne au débat politique. En science, les conclusions sont *apodictiques*, ce qui veut dire qu'on ne peut pas conclure à autre chose (*apodictique* : ce dont le contraire est impossible). En rhétorique, par contre, les conclusions de nos raisonnements demeurent problématiques, parfois plus, parfois moins, ce qui fait qu'on peut toujours les remettre en question. Aristote les qualifie de probables ou de vraisemblables, car la notion de problématicité, bien que sous-jacente à toute son entreprise, n'est pas thématiquement présente ni construite comme telle. Être persuasif nécessite un effort. Où aller chercher ce supplément de persuasion, si ce n'est pas dans le raisonnement même, vu le problématique qui demeure dans la conclusion ? En fait, pour Aristote, il importe de bien choisir son raisonnement, donc les prémisses à mettre en œuvre, qui sont des jugements admis par les protagonistes et qu'on appellera des *lieux communs* (*topoi* en grec), c'est-à-dire des réponses qui ont cessé d'être problématiques, non pour indiquer qu'ils sont d'une grande banalité, mais pour souligner qu'il s'agit de réponses partagées, ou posées comme telles, et sur lesquelles on ne revient pas. Les *topoi* peuvent traduire les valeurs qu'on veut défendre par des arguments mais ils peuvent aussi être des règles d'inférence (comme le fait de ne pas se contredire), présupposées et partagées par les participants du débat. En rhétorique, on passe d'une opinion communément admise à une conclusion vraisemblable par l'intermédiaire d'un raisonnement qui s'appelle *enthymème*. En grec, *enthymo* signifie « provenant de l'esprit ». Cette étymologie implique qu'un enthymème se déploie à partir de lui-même, sans explicitation de prémisses posées *ad hoc* ou de règles par trop nombreuses à spécifier individuellement et complètement. Il fait donc appel à la réflexion personnelle, voire émotionnelle, qu'il incombe souvent à l'auditoire de compléter. Ce qui manque est parfois une prémisse, et on n'a que la conclusion, mais ce peut être l'inverse, et c'est la conclusion qui demeure implicite. Elle n'est pas énoncée, car l'orateur veut qu'elle soit inférée par l'auditoire. En se l'appropriant ainsi, cette conclusion va lui apparaître plus convaincante, comme si c'était lui, l'auditoire, qui l'avait trouvée. L'enthymème est un syllogisme tronqué, dont la force de persuasion tient au rôle actif de l'auditoire qui, par ses émotions et ses jugements préalables, se laisse émouvoir ou convaincre, parce que l'orateur a su mobiliser l'esprit (*enthymo*) de celui auquel il s'adresse. Si je dis « les serpents là-bas sont venimeux », je laisse à l'ami qui m'accompagne le soin de tirer la bonne conclusion, et sous le coup de la peur, de réagir avec prudence. Il y a là une bonne raison, un argument, pour changer de route. Un enthymème est donc une inférence incomplète en comparaison du syllogisme logique, toutes les prémisses n'étant pas exprimées, ou alors, c'est la conclusion qui ne l'est pas. En rhétorique, donc dans la vie de tous les jours, on ne peut pas tout dire. Ce serait fastidieux et même absurde. D'où l'aspect « quotidien » et omniprésent de l'enthymème. En laissant de côté des prémisses, qui affirment et excluent leur opposé, il laisse ouverte la possibilité que telle ou telle chose soit le cas, ou soit comme ceci ou cela, ce qui rend au final la thèse plus problématique. Reprenons notre exemple : « Les serpents sont venimeux ». Cette phrase n'exclut pas que ce que l'on voit au loin soit autre chose que des serpents ni que, si ce sont bien des serpents, ils ne soient pas *tous* venimeux. On peut donc refuser de changer son chemin pour deux raisons : la présence de serpents n'est pas établie, c'est le sujet, ou/et on n'a pas affaire à des serpents venimeux, et c'est alors le prédicat qui n'est pas forcément d'application. Il y a donc un débat possible avec cette phrase. Par contre, il n'y en a pas si je dis « Ce que je vois au loin sont des serpents ; or, tous les serpents à un titre ou à un autre, sont dangereux, donc méfions-nous et changeons de route ». On peut aussi ne pas avoir peur, mais c'est pour d'autres raisons, qui ne sont pas dans la phrase.

L'enthymème étant spécifique à la rhétorique, il est abordé dès ce « Premier Livre », où Aristote veut différencier la rhétorique des autres disciplines, telles que la logique ou la poétique, mais aussi opposer sa vision à lui, centrée sur le rôle de l'enthymème, aux pratiques rhétoriques de ses prédécesseurs, enracinée dans l'aspect irrationnel de la persuasion, telles que les émotions, ce qui avait motivé le discrédit que lui vouait Platon. Pour Aristote, la vraie rhétorique ne peut être fondée ni sur le *pathos*, ni sur l'*ethos*, mais sur le *logos*.

Par la force des choses, ce Livre I de la *Rhétorique* est aussi amené à définir les genres de questions dont elle traite : trois genres dominent, le judiciaire, qui caractérise des actions passées qui doivent passer en jugement ; le politique, qui a trait aux questions qu'il faut résoudre pour agir dans le futur pour délibérer de ce qui est bien pour la Cité ; et le genre *épidictique*, mot savant pour caractériser les questions qui animent les conversations quotidiennes, qui sont empreintes de banalité, comme lorsqu'on parle du temps qu'il fait ou de la santé, mais qui couvrent aussi tous les champs d'interaction orale ou de textes écrits, où l'on veille à ce que le discours soit agréable et si nécessaire, approprié à la situation. Il ne s'agit pas alors de convaincre ni de raisonner, mais de bien présenter les choses. D'où le caractère exemplaire de l'oraison funèbre. C'est là que l'on voit que la rhétorique n'est pas simplement tissée de raisonnements, mais s'appuie sur le style et l'éloquence, c'est-à-dire (c'est le même mot, en un certain sens) l'élégance, pour faire passer des réponses, des opinions, des convictions, de la beauté, ou de la simple convenance. Judiciaire, délibératif, épidictique ou passé, futur et présent.

Aristote, toujours dans ce Livre I de la *Rhétorique*, élabore les *topoi* ou lieux propres à chaque genre : le beau, pour le genre épidictique ; le juste, pour le judiciaire, et l'utile, pour le délibératif. Le *juste*, on l'a dit, relève du *passé* : un acte commis est-il juste ou non ? Le genre judiciaire vise à qualifier les faits en fonction d'une norme légale. Le *beau*, quant à lui, recouvre ce qui est agréable, plaisant à entendre, et qui convient à la situation. C'est un discours qui porte sur la présence, donc sur le *présent* : on parlera de re-présentation (théâtre) ou de présentation lors d'une conversation, lors d'une oraison funèbre, ou lors de propos quotidiens, souvent sans enjeu apparent, si ce n'est le rapprochement des individus. Enfin, il y a l'*utile*, qui est propre à la délibération politique, et dont la marque temporelle est l'*avenir*. On délibère de décisions encore à prendre et d'actions à entreprendre. Dans tous ces cas, des réponses contraires ne sont pas exclues et la rhétorique vise à permettre d'effectuer un choix, d'en proposer un. malgré le caractère problématique qui demeure attaché à l'opinion présentée.

Dans ces trois genres de questions rhétoriques, on retrouve à des degrés divers un questionneur, une question, et quelqu'un à qui on s'adresse. En grec, cela donne respectivement, l'*ethos* ou l'orateur, le *pathos* ou l'auditoire, et le *logos* ou le discours qui exprime et caractérise le problématique et le non-problématique, ce qui a pour effet de diviser ou de rassembler les protagonistes selon le niveau de problématicité de ce qui est présenté à l'examen des intervenants. Il est certain que chaque genre rhétorique

relie un *ethos* à un *pathos* via un *logos*, chacun des genres
se caractérisant par une dominante, qui peut être soit l'*ethos*,
soit le *logos*, soit le *pathos*. Le juste, ou la rhétorique
juridique, est dominé par l'*ethos*, d'où l'éthique. C'est un
qui que l'on voit à la manœuvre, pour accuser ou (se)
défendre. Le plaisant qui s'impose pour le genre épidictique,
se manifeste par l'élégance et le style, ce qui place ce genre
sous l'égide du *logos*. Et enfin, on a le genre politique, où
règne le *pathos*, c'est-à-dire l'auditoire avec ses passions,
dont elles ne se distinguent guère. C'est à ce dernier
qu'incombe les choix à faire et la décision à prendre. Mais
dans chacun de ces genres, l'*ethos*, le *pathos* ou le *logos*
qui ne dominent pas la relation rhétorique jouent néanmoins
un rôle et sont donc présents en filigrane. Ils sont simplement subordonnés à la composante qui est consi-
dérée comme dominante. On a ainsi les trois cas,
ethos → *logos* → *pathos*, ou *pathos* → *logos* → *ethos*, ou
logos → *ethos* → *pathos*. Il reste à savoir pour quelle raison
Aristote ne singularise que trois types de questions comme
objets possibles de la rhétorique. Sans doute parce qu'il
faut bien que les genres rhétoriques correspondent aux trois
composantes de la relation rhétorique et à ce qui la régit. Il
y a un genre centré sur l'*ethos*, un sur le *logos* et un troisième
sur le *pathos*. Aujourd'hui, on parlerait d'expression ou de
communication également, car la rhétorique sert aussi à
faire passer un message ou à exprimer et à renvoyer une
image de soi, sans qu'on veuille décider du beau, du juste
ou de l'utile pour autant. On peut vouloir créer du consensus
ou de l'approbation, comme on peut chercher à se convaincre
soi-même ou à rationaliser ses choix.

   On peut aller plus loin dans la recherche de ce qui guide
Aristote à restreindre la rhétorique à trois types de questions.
Cela tient au fait qu'on peut classer les types de questions

en trois catégories. La première a trait aux questions qui n'ont pas de méthode de résolution particulière, et qu'il faut donc *instituer*. D'où le rôle fort que joue le *pathos* en politique, sous le coup des passions, souvent adverses, qui s'enflamment et monopolisent les débats dans les assemblées avant qu'elle n'arrivent à prendre leurs décisions. L'institution délibérative est le propre de la politique de la Cité. Cette institutionnalisation s'accomplit dans *des* institutions spécifiques, comme les assemblées, précisément. C'est là le premier genre rhétorique pour Aristote : le genre délibératif.

Ensuite, il y a des questions qui présentent une problématicité pour laquelle il existe une procédure codifiée et existante de résolution : c'est le droit. Elle n'est clivante que pour quelques-uns, ceux qui s'affrontent au tribunal, mais la société, par le fait du droit, se donne a priori les moyens de résoudre tout conflit. C'est l'*ethos* qui prime, avec l'éthique en sous-jacence.

Reste enfin le dernier genre de questions, celles qui sont faiblement problématiques, comme l'éloge des défunts ou la conversation quotidienne, où ce qui est véritablement le problème est de n'en soulever aucun. Il serait mal vu, à un enterrement, de ne pas l'éloge du mort et de rappeler ses actions douteuses. De même dans la vie de tous les jours, on parle de façon anodine, plaisante ou laudative pour ne rien soulever de problématique. C'est ce qui explique le succès, dans la conversation de tous les jours, des propos sur la météo, les enfants ou la santé. C'est le *logos* par excellence : celui de l'éloquence, donc du style. La forme doit exceller sur le fond, généralement très trivial. On a ainsi trois genres possibles de rhétorique, parce qu'il y a trois types de problématicité différents, qui s'échelonnent de la décision à l'adhésion en passant par le jugement (dont le paradigme est le jugement qui émerge dans les tribunaux). Bref, pour Aristote, il n'y a que trois grands genres rhétoriques : l'un qui analyse les questions sans méthode de résolution spécifique ; un autre, qui étudie les questions qui en ont une ; et un troisième, où il y a celles qui doivent n'en soulever aucune en les réduisant au silence ou à la banalité, par des réponses qui n'apparaissent pas comme telles.

Ainsi, le *logos*, le discours, qui est à l'œuvre dans chacun de ces genres est plus argumentatif quand il y a un procès où s'affrontent l'accusation et la défense, comme il est plus passionnel en assemblée, et plus convenu dans la vie de tous les jours, grâce au langage de socialisation, que l'on trouve, par exemple, dans les formules de politesse. Chaque fois, il y a des *topoi* propres à ces trois grands types de questions, qui servent à amplifier ce que l'on veut démontrer et à minimiser ce qui va à son encontre, comme à présenter ce qui doit l'être en puisant dans la multitude des réponses disponibles. Mais dans chaque genre, qu'il soit dominé par l'*ethos*, le *pathos* ou le *logos*, c'est-à-dire, respectivement, par le caractère de l'orateur, l'auditoire, ou le langage utilisé, il faut tenir compte de ce qui vérifie la thèse soutenue, surtout en droit, où les preuves extérieures à la rhétorique, comme les témoignages, les serments ou même les confessions extorquées sous la contrainte viennent amplifier ou amoindrir la thèse initiale. Mais ces trois grandes subdivisions de la rhétorique, qui puise ses ressources dans l'*ethos*, le *pathos* et le *logos*, ne recouvrent pas les trois Livres de la *Rhétorique*. Les trois Livres de la *Rhétorique* portent sur la méthode qui consiste à pouvoir délimiter comment on arrive à convaincre un auditoire, à lui plaire, à l'émouvoir et à rendre son discours agréable. On retrouve alors l'*ethos*, le *pathos* et le *logos* dans chacun

des trois Livres. D'où la question qui se pose inévitablement :
à quoi correspond la subdivision de la *Rhétorique* en trois
parties distinctes ?

Au début de ce Livre I, c'est le *logos* qui domine, ce
qui fait que l'argumentation juridique et l'enthymème y
occupent une place centrale. Aristote commence par opposer
la rhétorique comme argumentation à d'autres types de
discours, et à distinguer son approche de celle des autres.
Très vite, il va faire intervenir l'*ethos*. Il s'agit de montrer
ce pour quoi on a recours à la rhétorique : le bien, l'utile,
le plaisir, la vertu, etc. Ce sont donc des valeurs qui motivent
l'orateur, l'*ethos*. Même l'enthymème, le fer de lance de
sa rhétorique, repose sur de tels des choix, qui transparaissent
bien évidemment dans la sélection des prémisses retenues
parmi toutes les prémisses possibles et qui, bien qu'habituellement laissées dans l'implicite, traduisent les voies prises
par l'orateur. La rhétorique va être, au travers de l'enthymème, de l'argumentation, un discours du vraisemblable,
du répondre qui pose le moins question, à l'inverse de la
dialectique, où c'est la mise en question (réfutation) explicite
qui est au point de départ. Dans la dialectique, un
protagoniste cherche à réfuter l'autre. La dialectique a sa
part de *logos* spécifique et de *pathos*. Là aussi, il faut
distinguer l'*ethos*, le *pathos* et le *logos* dans la rhétorique
comme dans la dialectique. Il ne suffit pas de dire qu'agent
et patient jouent un rôle dans les deux, de rejet ou
d'acceptation ici, de manœuvre amplificatoire ou
minimisante là, il faut encore examiner pourquoi et comment
cela se fait.

L'objet du Livre II est l'étude du *pathos*. Quelles sont
les émotions (*pathè*) qui sont mobilisables par l'orateur,
étant donné la personnalité de l'auditoire, ce qui affecte
son caractère (*pathos*) et ses réactions aux questions qu'il

a en tête. Aristote met l'accent sur *quatorze* passions-clés
(onze dans l'*Ethique à Nicomaque*, auxquelles il faut
rajouter le plaisir et la douleur), au travers de sept couples
d'opposés : 1) la *colère* et le *calme*, 2) l'*amour* (amitié) et
la *haine*, 3) la *crainte* et l'*assurance* (courage, confiance),
4) la *honte* et l'*impudence*, 5) la *pitié* (compassion) et
l'*indignation*, 6) l'*envie* et l'*émulation*, 7) le *mépris*
(désobligeance) et l'*obligeance* (bienveillance). Certaines
de ces passions sont proches l'une de l'autre, au point de
sembler pouvoir à peine se différencier, si ce n'est par une
nuance subtile, qui semble artificielle. On verra qu'il n'en
est rien. Après avoir élaboré chacune de ces passions en
fonction de l'orateur qui les utilise pour argumenter et de
l'auditoire qui, selon l'âge par exemple ou la position
sociale, va s'abandonner à telle passion plutôt qu'à telle
autre, Aristote va revenir sur les lieux mis en œuvre dans
un enthymème. On les retrouve dans les trois genres. Les
passions ne seraient-elles pas des dispositions à orienter
la pensée dans un sens plutôt que dans un autre, contraire
cette fois ? Elles agissent comme des motifs pour agir ou
pour dissuader, comme autant de modificateurs du jugement
traditionnel, d'où leur rôle dans la relation rhétorique et
le choix, souvent passionnels, que les uns et les autres font
des lieux pertinents quand ils proposent une thèse ou qu'ils
en ont une à défendre.

   Le livre III de la *Rhétorique* est encore consacré au
logos, mais c'est un *logos* différent du *logos* de l'enthymème
du livre I. Il semble étranger à ce qui a été dit jusqu'ici. Il
parle de style, d'arrangement du discours, de l'*elocutio*
comme diront plus tard les auteurs latins, avec la prise en
compte des parties du discours, du rythme de la narration,
de l'interrogation, qui reprend le jeu sur les opposés pour
mettre en question l'adversaire, le tout étant chapeauté par

une conclusion. Ce que vise Aristote est de souligner que chaque genre rhétorique se marque par une proportion différente de narration de preuve, de réfutation, de maximes, qui sont souvent des condensés d'enthymèmes, même si l'agencement général d'un discours rhétorique comporte deux parties : une proposition et sa validation. Cela se résume en fait précisément à deux questions : exposer la question qui fait problème et lui apporter une réponse. C'est là que viennent s'insérer, comme sous-parties de ce discours, les notions d'intérêt pour le sujet soulevé, de jeu sur les émotions et sur les a prioris de l'auditoire, et à la fin, on a une péroraison qui se veut résolutoire et concluante.

Comment comprendre – et relier – cette troisième partie aux deux premières ? Si le Livre I devait se démarquer de la dialectique, avec ses lieux (*topoi*) de réfutation, le troisième doit se différencier de la poétique, qui a pour objet les styles et les genres littéraires. Dans le Livre I, l'orateur choisit une stratégie, y compris de raisonnement et de lieux communs à invoquer, mais l'auditoire, qui est son *alter ego*, se démarque par une altérité qui se concentre dans la passion qu'il manifeste pour affirmer sa différence (Livre II). Notons en passant que c'est cette différence, cette passionnalité, qui traduit ce que *nous* appellerions aujourd'hui la subjectivité, un concept qui n'existe pas encore chez les Grecs. La passion est le maximum de « subjectivité » autorisée dans un univers conceptuel qui ne connaît pas le « subjectif » à proprement parler.

L'auditoire peut mettre en question, comme il peut répondre par un discours de confirmation et d'appui, qui va s'avérer un pur discours de concession avant de remettre en question ce que l'orateur a dit. La différence, c'est la passion qu'il met, et qui le révèle à l'Autre. Cet Autre en tant qu'Autre, malgré l'identité d'essence, traduit ce qui l'émeut dans la question, et qui l'amène à penser qu'il a raison de la soulever ou d'y réagir. Le *pathos*, c'est l'Autre en moi, qui est moi aussi et qui ne l'est pas non plus, c'est une image de l'Autre comme c'est l'image que je veux faire passer à l'auditoire, une image qui renvoie aussi à l'image que l'Autre se fait ou doit se faire de notre relation, ce qui peut amener de la colère ou du rapprochement (obligeance, amour, etc.), selon le mouvement de l'âme que veut susciter l'orateur. Ainsi se noue généralement le dialogue, d'action en réaction passionnelles, où chacun fait savoir tour à tour à l'Autre ce qu'il pense de la question soulevée. Le style est la *manière* dont l'orateur va exprimer ce qu'il pense, ses émotions, sa vision, en intégrant la réponse de l'auditoire, qu'il va faire sienne, ne fût-ce que pour nuancer son accord, sa proximité, ou la renforcer pour mieux convaincre par la suite. Il va jouer, par exemple, sur la haine du coupable ou la compassion pour la victime. Il amplifie ou minimise, souligne ou écarte ce qui est ou n'est pas problématique, selon le but recherché. Même pour simplement plaire à l'Autre, il doit formaliser, par des règles stylistiques, par des figures qui sont des tournures d'esprit et de langage, ce qui importe, ce qui le touche, afin d'attirer l'interlocuteur vers sa propre position ou de l'éloigner des autres. Cela fait appel à des conventions de langage partagées, ce que sont les *topoi*, les lieux communs en argumentation et les figures en rhétorique conçue comme stylistique ou rhétorique pure (à distinguer de l'argumentation).

Concluons. Le Livre I traite aussi bien de l'*ethos* que de ses stratégies intellectuelles, qui relèvent du *logos* et qui sont enracinées dans l'inférence rhétorique, l'enthymème. Le Livre II porte sur le *pathos* et les stratégies émotionnelles sur lesquelles joue l'orateur pour persuader ou plaire à son auditoire. Quant au Livre III, il est consacré au *logos* comme présentation, mettant en forme par le style ce qui doit permettre, sur une problématique donnée, de réunir l'*ethos* et le *pathos* dans un discours, qui peut recourir à l'*enthymème*, déjà traité au Livre I, au style littéraire, comme il peut se ramener à une stricte narration. Le but est chaque fois d'interpeller l'Autre. A quelle forme de discours faut-il se plier pour faire ainsi le lien ? Telle est la question qui sous-tend ce Livre III, ce qui fait de la *Rhétorique*, on le voit, un texte relativement cohérent, avec une logique interne qui, pour n'être pas apparente, n'en est pas moins présente.

On peut dire que chaque homme en particulier et tous les hommes en général ont un but où ils tendent dans leurs préférences comme dans leurs aversions. C'est, pour tout dire d'un mot, le bonheur et les éléments du bonheur

(*Rhétorique* 1360 b4)

LIVRE I

L'*ETHOS* ET LES STRATÉGIES DE L'*ORATEUR* : *ENTHYMÈMES*, *PREUVES*, *LIEUX* COMMUNS ET *FINS* COMMUNES

CHAPITRE PREMIER

DE PLATON À ARISTOTE

LA DIALECTIQUE COMME PREMIER CONTOUR DE LA RHÉTORIQUE

Qu'est-ce que la rhétorique et à quoi sert-elle ? Avant Aristote, ce que recouvrait l'art de la discussion, la joute oratoire, le débat contradictoire, s'appelait la *dialectique*. Art honorable comparé à la sophistique, qui était présentée comme étant un dévoiement. Entre défendre sa position et pouvoir tout défendre, sans conviction, il y a ce qui sépare le dialecticien du sophiste. Si l'attitude et les intentions diffèrent, cela veut dire qu'il existe une bonne dialectique et qu'elle fait penser à de la rhétorique. On doit cependant éviter de les confondre sur le plan formel et qui est celui du raisonnement. Pourtant, à lire Aristote, on ne sait trop si la dialectique fait partie de la rhétorique ou si elles sont bien distinctes. N'y en aurait-il pas une qui serait subordonnée à l'autre ? Si on en croit Aristote, avant lui la rhétorique mélangeait un peu tout : les arguments, les réfutations, les discours de manipulation des juges qui mobilisent les passions plus que les arguments, et c'était vu comme de la dialectique. C'est dans la plaidoirie qu'on trouve l'origine de la rhétorique, mais aussi de la sophistique.

Les trois se mêlent et le génie d'Aristote va consister à délimiter les contours de chacune. En se focalisant sur la réfutation, on s'attache au pour et au contre d'un argument, ce qui est l'objet de la dialectique. Elle consiste à s'opposer aux opinions professées par certains ou par des experts qui font autorité. Confusion oblige, rhétorique et dialectique, dit Aristote dans le tout premier paragraphe de sa *Rhétorique*, sont le miroir (*antistrophos*) l'une de l'autre, parce que

> L'une et l'autre, en effet, portent sur des questions qui sont à certain égard de la compétence commune à tous les hommes et ne requièrent aucune science spéciale. Aussi, tous y participent-ils à quelque degré : tous se mêlent jusqu'à un certain point de questionner sur une thèse et de la soutenir, de se défendre et d'accuser. Seulement, la plupart des hommes le font les uns sans aucune méthode ; les autres grâce à une accoutumance provenant d'un *habitus* [1].

Ce passage est intéressant, parce qu'il fait de la rhétorique le pendant, l'analogue, le miroir de la dialectique, ce qu'elles sont l'une par rapport à l'autre. Le terme d'*antistrophos* est une énigme qui résume la difficulté à les différencier clairement, ce qui n'a pas laissé d'intriguer les commentateurs depuis lors. Qu'entend-on au juste par ce concept de *pendant* pour deux disciplines apparemment aussi semblables ? La question est posée, mais il n'y a pas qu'elle qui pose problème. La dialectique doit être distinguée de la rhétorique, en tout cas d'une certaine vision de la rhétorique, parce que, dit Aristote, 1) tout le monde pratique indistinctement les deux, et 2) que certains le font naturellement, sans disposer d'un savoir particulier pour y arriver, tandis que d'autres ont pris l'habitude, par leur

1. *Rhétorique* 1354a.

métier, d'argumenter systématiquement. Dans les deux cas, on a affaire à une *tēknē*, à une technique, à un art, car l'orateur a le choix des armes et cela relève précisément de son art de parler, qui n'est pas donné à tout le monde de la même manière. Même la *tēknē* comme mise en œuvre de ses compétences est un art, donc relève de la technique, comme l'est la médecine, qui est la technique de l'art médical, ou le droit, qui relève de l'art de trouver le bon article de loi, et ainsi de suite. Rhétorique et dialectique semblent différer en ce que celle-ci met à l'épreuve une thèse en défendant le contraire, alors que, à en croire Aristote, la rhétorique serait plus appropriée lorsqu'on porte son attention non sur la thèse mais sur l'implication humaine, dont l'éthique et la politique sont les racines ultimes. Si l'on se reporte au commentaire de G. Kennedy [1], les termes de défendre et d'attaquer sont associés à des personnes, et cela devient alors de la rhétorique. Kennedy considère que soutenir ou critiquer une thèse pour elle-même doit être vu comme propre à la dialectique argumentative. Mais rien n'est moins sûr, car le droit, par exemple, mélange les deux lorsqu'il y a procès, puisque deux protagonistes se combattent par l'intermédiaire d'arguments. Où commence la rhétorique et où finit-elle, et qu'en est-il de la dialectique ? La question de leurs limites et donc de leurs domaines reste entière. Le concept d'*antistrophos*, comme « pendant » ou comme « analogie », loin d'éclairer le débat, le prolonge. Est-on si sûr que la dialectique n'est pas *aussi* utilisée pour défendre et attaquer des individus, lors de réunions publiques, en petits comités, ou même au tribunal ? Ne pourrait-on pas dire, plus simplement, en relisant ce premier paragraphe, que la

---

1. Aristotle, *On Rhetoric*, p. 30.

rhétorique *comme* la dialectique servent à défendre et à
attaquer des positions, voire leurs partisans ? Dans ce cas,
la distinction de la rhétorique et de la dialectique tend
évidemment à s'estomper, ou plus précisément, à se
déplacer, et tout le poids de leur différence pèse alors sur
l'interprétation de ce concept de « pendant », d'*antistrophos*.
Dans ce contexte, la traduction de la *Rhétorique* d'Aristote
par J. Lauxerois, semble plus parlante :

> La rhétorique est le pendant de la dialectique. L'une et
> l'autre, en effet, traitent de questions dont la connaissance,
> d'une manière ou d'une autre, est commune à tous, et ne
> relève pas d'une science particulière. C'est aussi pourquoi,
> d'une manière ou d'une autre, tous les hommes sont
> concernés par l'une et l'autre : tous, en effet, dans une
> certaine mesure, sont en situation d'avoir à examiner un
> propos ou à l'étayer, d'avoir à développer une défense
> ou une accusation.

Dans cette traduction de la *Rhétorique*, le texte souligne
clairement que rhétorique *et* dialectique visent, d'une part,
à examiner et à soutenir des réponses, et d'autre part, à les
défendre ou à les attaquer. La rhétorique sert à l'examen
des réponses, et même à leur production, et ce faisant,
permet de développer des thèses opposables, certes, là où
la dialectique part de celles-ci et tranche la question à
l'issue d'un débat contradictoire.

La rhétorique, pour ne pas se voir accusée de tomber
dans la sophistique et de n'en être qu'un autre nom, doit
accepter les contraires, mais en accompagnant leur considération de justification, de raisonnement. D'où le rôle central
de l'enthymème. La dialectique, elle, élimine les contraires
par réfutation des termes dans les alternatives, ce qui la
rend a priori résolutoire selon les canons du propositionnalisme. La dialectique serait-elle alors le discours de

l'opposition, non pas potentielle mais effective ? Allons plus loin : l'une relèverait-elle du « non » et l'autre, du « oui » ? Poursuivons l'idée : les figures, et le langage figuratif, éloquent et stylisé de la rhétorique, est-il vraiment mû par la prise en compte anticipée d'oppositions virtuelles ? Ce serait en tout cas mal concevoir le rôle du langage figuré, en littérature comme en politique.

Au fond, si chaque homme sait faire de la rhétorique, c'est *parce que les questions qu'elle permet d'aborder intéressent tout le monde.* Encore faut-il de l'expertise et des capacités, mais confronté à des problèmes, quels qu'ils soient, chacun est bien forcé de s'y appliquer, pour vivre ou pour survivre. Trouver la clé d'une différence entre dialectique et rhétorique dans l'attitude et l'intention quasi *ad hominem* de celle-ci est donc une erreur. Or, si on se reporte à quelques textes d'Aristote en dehors de la *Rhétorique*, comme les *Topiques* par exemple, la rhétorique comme technique d'argumentation ne se différencie en rien de la dialectique. Quant à la sophistique, la différence avec la rhétorique ou la dialectique est plus facile à établir. Les identités défendues posent de réelles difficultés, puisqu'elles jouent sur l'apparence. Elle est donc dans l'erreur de raisonnement, ce qui la distingue objectivement, structurellement, des autres discours. On en revient toujours alors à la question de départ : qu'est-ce donc que la dialectique ? Une méthode *générale* d'argumentation sur toute question proposée, « en partant de prémisses probables et d'éviter, quand nous soutenons un argument, de ne rien dire nous-mêmes qui y soit contraire. »[1] ? Que reste-t-il de spécifique à la rhétorique ? Le discours figuratif et

1. Aristote, *Topiques. Organon V*, 100 a18, trad. fr. J. Tricot, Paris, Vrin, 1990. Voir *Réfutations Sophistiques. Organon VI*, 183 a35, trad. fr. J. Tricot, Paris, Vrin, 1995.

littéraire, comme on le proclame après le XVIIe siècle, quand
tout ce qui était de l'ordre du raisonnement et de l'invention
est devenu « Discours de la méthode », s'incarnant dans
une nouvelle analytique, centrée sur les identités
mathématiques ? Aristote ne pense pas cela, même s'il est
difficile de retracer son dessein réel. Risquons une réponse :
sans s'embarrasser de trop de nuances, disons que la
rhétorique sert à produire du discours sur une question,
qui peut d'ailleurs toujours resurgir par après dans une
nouvelle mise en question, un discours qui, au départ,
s'arrange pour avaler le problématique en le présentant
comme résolu ou non pertinent à soulever. S'il vient à être
remis en question, cela se fait dialectiquement, tandis que
le rhétoricien s'arrange, par l'éloquence et le style, pour
que cela n'arrive pas. Même en droit, le discours est peu
problématique, car ce n'est qu'au tribunal qu'il le devient,
car, comme doctrine, il règle plutôt les problèmes. On
pourrait ainsi placer la dialectique à l'intérieur de la
rhétorique, mais étonnamment, Aristote va soutenir le
contraire[1]. Soyons contemporains un instant. La dialectique,
c'est ce que nous appellerions aujourd'hui de l'*argumentation*, et pour nous, elle fait partie de la rhétorique entendue
au sens large, c'est-à-dire comme discipline. Elle couvre
aussi bien des attaques dirigées sur autrui et ses opinions
que sur l'examen et la production d'opinions propres. Elle
est également destinée à exposer des points de vue sur des
questions litigieuses, qui sont présentées comme résolues
ou ne se posant plus, afin de neutraliser un débat qui se
pose. Visant autrui, la rhétorique utilise aussi des arguments
ad hominem, pour défendre ou attaquer une thèse en se
portant sur celui qui en est le porte-parole. C'est parce que

---

1. *Rhétorique* 1356 a25.

la rhétorique ne se réduit pas à une démarche de contradictoirité qu'elle ne peut se limiter à n'être qu'argumentation, laquelle n'est qu'une manière parmi d'autres, importante il est vrai, de faire de la rhétorique. Pour nous, la solution est simple : la rhétorique traite de questions, qui divisent (argumentation), mais aussi qui réunissent les individus dans un consensus qui n'est peut-être que ponctuel ou confortable, mais c'est de problématicité qu'il s'agit, et non forcément de questions expressément et effectivement posées par des individus qui seraient de ce fait en contradiction expresse. Toute question, tout problème, n'exprime pas forcément une contradiction, même si ce sont des alternatives qui s'y jouent, souvent de manière sous-jacente. Il ne faut pas voir le questionnement seulement de façon dialectique ou sophistique (Platon). Aristote pourtant souscrit comme Platon à ce genre de restriction sur le questionnement, quand il dit qu'il n'y a de rhétorique que si nous pesons le pour et le contre d'une question (1357 a 3-6) au lieu de se situer en-deçà, là où le questionnement opère. Bref, on retombe toujours sur la question de l'excédent, de ce « plus » qui fait qu'il y a de la rhétorique qui n'est pas de l'argumentation et qui englobe autre chose, ce qui est souvent le cas du discours figuratif, comme l'est par exemple la fiction, ce qui peut couvrir aussi bien le champ littéraire que des tournures d'esprit utilisées régulièrement dans le discours et la conversation quotidiens pour amplifier les idées que l'on fait siennes.

En disant tout cela, nous allons bien sûr au-delà de ce que pouvait dire Aristote, même si c'est pour sortir de l'embarras qui surgit lorsqu'on doit différencier, chez lui, la dialectique de la rhétorique. Son embarras semble venir de plus loin dans l'Histoire, de son maître Platon, qui a lui-même subverti le concept de dialectique pour le sauver des impasses qui le lézardent dès l'origine, mais dont Platon ne voulait pas se débarrasser par fidélité à son propre maître, Socrate.

L'HÉRITAGE SOCRATIQUE DE PLATON : LA NAISSANCE DE LA PHILOSOPHIE

Avant de revenir à cette question *rhétorique versus dialectique*, replongeons-nous donc pendant quelques instants dans l'histoire de la pensée. Si une telle discussion, et surtout une telle confusion, à propos des rapports de la dialectique et de la rhétorique, est possible, c'est parce que Platon l'a lui-même créée, faisant carrément de la dialectique, détachée de ses manipulations rhétoriques, c'est-à-dire, pour lui, sophistiques, la procédure scientifique même, ce qu'elle ne saurait être. Voyons cela plus en détail.

La dialectique, pour Socrate, était un processus de pensée centré sur le questionnement, c'est-à-dire sur le jeu questions-réponses, où chaque terme de cette différence exprime en fait une opposition entre les intervenants eux-mêmes. Ils incarnent ainsi les termes même de la contradiction, qu'ils reflètent de par leurs positions opposées. Comme les sophistes ne procédaient pas autrement, Socrate a pu être accusé d'être l'un d'entre eux. Malgré son attachement à Socrate, Platon a opté pour une autre vision de la dialectique, enracinée non plus dans le questionnement, mais dans le commerce des Idées et des relations entre les essences des choses, les Idées étant enfouies au sein de toute chose. La dialectique devient le mouvement des Idées vers les choses et des choses vers les Idées. Mais Aristote va refuser d'assimiler la dialectique à la science, en raison même de la certitude qu'offre celle-ci et du problématique qui demeure dans celle-là. De ce fait, il sera amené à revenir à une conception interrogative de la dialectique qui n'est

plus scientifique, comme on le voit dans ses *Topiques*, et
à se pencher sur ce qu'est la science spécifiquement. Il
inventera ainsi sa propre théorie du syllogisme, auquel son
nom est associé depuis lors, et sa propre théorie de la
rhétorique, que nous analysons ici.

Mais pour bien comprendre comment cette évolution
s'est produite, il faut revenir à ce qu'était la dialectique à
l'origine. On l'a dit, il s'agit d'un jeu questions-réponses
auquel se livraient les interlocuteurs, moins pour affirmer
un point de vue, ce qui sera l'attitude de la rhétorique, que
pour détruire celui de l'adversaire, comme dans les
plaidoiries au tribunal. Ce que l'orateur pensait devenait
par voie de conséquence le contraire de ce que son
interlocuteur osait affirmer. Cette manière de faire, sur le
plan philosophique, relevait de la méthode socratique plutôt
que d'un souci d'arriver à la vérité de manière positive,
en la construisant pas à pas. Pourtant, depuis Platon, le
prestige de Socrate est immense. Considéré à juste titre
comme le père de la philosophie, et pour cette raison même,
il a fait du questionnement le modèle de la philosophie et
de la recherche de la vérité. Une conception aussitôt
abandonnée après lui avec Platon. Pourtant, en cela, il
s'opposait aux sophistes malgré les apparences. Ceux-ci
ne se préoccupaient que de défendre ce qui les arrangeait,
souvent pour de l'argent, au mépris de la vérité, dont il est
dit qu'ils ne se souciaient guère. Socrate peut bien leur
ressembler de par la méthode interrogative qu'il partage
avec eux, il est davantage soucieux de mettre à mal les
opinions contradictoires que d'en proposer une.

Socrate, on le sait, s'en prenait aux notables de la Cité.
Ceux-ci cherchaient à asseoir leur position sociale par de
beaux discours qui avaient l'apparence de la vérité, destinés
à impressionner les citoyens, à les manipuler même. Ces
discours étaient pleins de contradictions. En les révélant

pour ce qu'ils étaient, à savoir, contradictoires, Socrate s'est condamné, car ce faisant, il détruisait la position et les prétendues réponses de ces notables, et cela, souvent en public. De tels affronts sont difficilement pardonnables par les puissants. Tel général que Socrate interroge sur le courage répond en se contredisant, mais il en ira de même des juges qui justifient leur fonction en défendant leur thèse sur la justice, et des notables, en général, sur le pouvoir qu'ils trouvent légitime d'exercer dans la Cité. Socrate va alors se retrouver accusé d'avoir corrompu la jeunesse et défendu l'esprit critique, source d'impiété. A l'issue de sa condamnation, il préfère se suicider par le poison, ce qu'il fait en 399 av. J.-C. Platon reprend alors le flambeau et adopte la méthode socratique de l'interrogation. Mais l'objet change. Il ne cherche pas à dire, comme Socrate, qu'il sait qu'il ne sait rien, qu'il n'a pas la réponse (ce qui en est déjà une) ou qu'elle est impossible, mais il veut au contraire, déterminer comment on peut arriver à des réponses vraies et indubitables, comme y parvient la géométrie, le modèle de la science à l'époque.

Quel est le contexte du surgissement de la philosophie, donc pourquoi sa méthode est-elle l'interrogation, incarnée en l'occurrence dans le questionnement socratique ? La pensée grecque, avec sa rationalité nouvelle, naît de l'effondrement des vieilles réponses constituées par la mythologie (*mythos*), où tout est censé s'expliquer par les actions des dieux. Le discours mythologique est, par nature, métaphorique, même si ceux qui y souscrivent le prennent au pied de la lettre. Dès lors qu'on n'y croit plus, parce qu'on observe que les marées, la lumière, le mouvement, le changement tout simplement, relèvent plutôt de phénomènes naturels, le discours métaphorique de la mythologie éclate pour ce qu'il est. Il devient alors nécessaire de dégager un nouveau mode d'explication, qu'on qualifie aujourd'hui de rationnel, où ce qui se produit dans la nature vient de la nature elle-même et s'explique par elle et à partir d'elle. Le *mythos* cède ainsi la place au *logos*, un concept qui va déborder la seule explication physique, ouvrant le *logos* à des formes de rationalité bien plus larges. Mais en quoi consiste cette opposition ou ce passage du *mythos* au *logos* ? Le *mythos* s'effondre, ou s'estompe progressivement, disent certains, et les réponses qui le composent deviennent problématiques. Soit on les considère alors comme « vraies » mais métaphoriquement, symboliquement, car on ne peut plus les accepter comme telles littéralement. Soit on cherche de nouvelles réponses, qu'on peut prendre au pied de la lettre, et ce sont alors des réponses scientifiques, logiques, que les Grecs ont vues avant tout dans la géométrie, et après, quand l'histoire s'accélère encore, dans la physique (non mythologique), l'astronomie, la philosophie, la logique, l'éthique. D'où l'immense travail d'Aristote qui fait la synthèse de tout cela. Le problème avec les vieilles réponses c'est qu'en les métaphorisant, elles ont l'air de garder une validité ou d'en acquérir une qui serait « poétique ». Elles sont des façons impropres de dire et de conserver l'ancien. C'est ce que reprochait Platon aussi bien à la rhétorique qu'à la poésie. Pour lui, la rhétorique, c'est une manière de jouer avec le langage et les concepts (nous, on dirait les idées), où ce qui n'est plus vrai peut paraître l'être encore, et ce qui est vrai n'être qu'une illusion. La rhétorique se présente ainsi comme une manipulation possible des esprits, faisant passer pour réponse ce qui ne l'est pas, parce qu'elle ne l'est plus. D'où l'idée d'Aristote, qui est de sauver les bonnes réponses, mais encore faut-il les trouver et les départager de celles qui sont caduques. Celles-ci sont des réponses dont l'identité se fracture avec le temps, et qui peuvent, certes, être illusoires ou fausses, mais aussi demeurer valables. Pour arriver à les départager, on doit les *justifier* par des raisons, c'est-à-dire des *arguments*. Au lieu de toutes les rejeter comme non-réponses, à l'instar de Platon, il s'agit pour Aristote de pouvoir faire le tri, quitte à ne conserver que les réponses vraisemblables, probables, possibles, que si on les a *argumentées*. C'est pour cela que, pour lui, la clé de la rhétorique se trouve dans *l'enthymème*, qui est le raisonnement spécifique de la rhétorique, où la probabilité ou le non-dit des prémisses fait en sorte que la conclusion ne saurait être « verrouillée », mais demeure toujours formellement contestable, alors même qu'elle est vraisemblable. La rhétorique se scinde ainsi en argumentation, en raisonnements de justification, et en discours poétiques ou métaphoriques. Mais s'il y a sophistique, cela signifie qu'on les traite comme si elles sont de vraies réponses, et là, Aristote rejoint Platon pour rappeler qu'il y a manipulation. A côté des sciences qui vont se dessiner en propre, de nouvelles formes de rationalité vont émerger et devoir se définir. Elles apparaissent moins contraignantes, mais plus utiles aussi pour traiter de tous les aspects de la vie quotidienne, politique entre autres, où être rationnel signifie faire accepter et partager, donc convaincre sans imposer, ce qui va faire déborder la pensée du domaine de la stricte rationalité scientifique. D'où la rhétorique et l'éthique, sur lesquelles Aristote nous laissera des œuvres immortelles.

Platon a eu peur de voir le questionnement socratique radical ne mener à aucune réponse, ce qu'on appelles des apories, qui sont des questions sans réponse, parce qu'elles sont insolubles, avec des réponses contradictoires tout aussi valables ou fausses les unes que les autres. Il s'est donc méfié de cette dialectique socratique et a préféré réserver ce noble concept de dialectique pour qualifier la démarche scientifique telle qu'il l'entend, c'est-à-dire comme offrant des conclusions contraignantes. Cela l'a conduit à abandonner progressivement le rapport de la dialectique à l'interrogativité. Alors, que dire de cette méthode qui passe de question en réponse, et de réponse en question nouvelle, qui finalement ne débouche que sur de la réfutation ? Pour Platon, c'est une méthode de sophiste, mais pour Aristote, cette méthode est utile, car elle fait le tri. Il continue donc de l'appeler la dialectique, au sens précis où Socrate l'entendait. Elle n'est pas forcément sophistique, car elle peut conduire à de vrais résultats, c'est-à-dire à des réponses. Comme Socrate, il pense que la dialectique permet de réfuter des opinions qui sont souvent communément admises, parce que défendues par des gens qui font, à tort ou à raison, autorité.

LE RENONCEMENT AU QUESTIONNEMENT LÉGITIMÉ PAR LE PARADOXE DE MÉNON : LE CHANGEMENT DE SENS DE LA DIALECTIQUE POUR PLATON

Platon était convaincu que le questionnement était stérile pour acquérir le savoir, savoir qui ne saurait donc se caractériser par le fait d'être composé de *réponses*, car, en tant que telles, elles renvoient à des *questions*. Or, une question reflète une ignorance individuelle, variable, et exprime une volonté, tout aussi contingente, de dépasser cette ignorance. Un savoir, qui doit être vrai en soi, ne peut en dépendre et encore moins s'y enraciner. 2+2 font 4 pour tout le monde, pour ceux qui posent des questions comme pour les autres. Cela ne dépend ni de ce qu'on sait, ni de ce qu'on ne sait pas, pas davantage de ce qu'on veut savoir.

De plus, ce que l'un perçoit comme problématique, l'autre ne le voit pas forcément comme tel. Si la vérité devait donc dépendre d'un tel état de choses aussi subjectif et variable, elle n'aurait aucune nécessité universelle et serait purement circonstancielle. Fonder le savoir, universel par nature, sur des contingences variables et subjectives, n'est pas conforme à ce qu'on attend de la vérité. La vérité doit être indépendante des individus, ce qui implique, pour Platon, que la vérité ne peut donc être conçue comme *réponse*, car la conceptualiser de la sorte présupposerait qu'il y a eu *question*, ce qui est accidentel. Pour prendre un autre exemple plus moderne : qui va ramener les lois de Newton à une occasion subjective de vouloir connaître l'ordre du monde, découlant de son ignorance et de la volonté de la dépasser ? Platon a même formulé cette impossibilité de lier questionnement et connaissance par un paradoxe [1] très célèbre, le paradoxe dit du *Ménon*. « *Si je sais ce que je cherche, je n'ai plus besoin de le chercher, puisque je le sais, et si j'ignore ce que je cherche, je ne sais même pas ce que je dois trouver* ». Bref, dans les deux cas, on ne peut acquérir la vérité en la cherchant, en interrogeant. Le questionnement est soit inutile soit impossible. La méthode socratique comme fondement de la philosophie se voit définitivement enterrée avec le paradoxe du *Ménon*. Mais comment acquérir la connaissance si la chercher ne sert à rien ? Platon a bien proposé une solution à ce paradoxe. Il affirme que tout en sachant ce que je cherche, je peux l'avoir oublié, et donc, comme je le sais déjà sans le savoir, il est utile et possible de trouver *ce que* je cherche, c'est-à-dire de me le remémorer. Je sais déjà en un certain sens ce que je cherche, et je

---

1. Platon, *Ménon* 80e.

l'ignore dans un autre sens, puisque j'ai oublié *ce que* je savais, mais pas *que* je le savais. Ce qui compte est de s'en souvenir. C'est là la célèbre théorie de la *réminiscence*, qui découle de celle qui affirme que les Idées sont implantées dans l'âme avant la naissance, et que par les plaisirs et les passions, c'est-à-dire sous l'influence du corps et du sensible en général, on refoule tout le savoir que l'on a pu acquérir, l'intelligible si l'on veut, au point même d'oublier ce refoulement. Pour apprendre, on doit pouvoir se souvenir de ce qui est enfoui en nous dès la naissance et en recouvrer la conscience. Le corps fait obstacle, comme le reste du monde sensible, car il est fluctuant, parfois au point d'inverser en contraires ce que l'on peut en dire. Il est source de « vérités » qui se muent en erreurs qui se retournent, et surtout, nous attirent vers d'autres intérêts, tous aussi contradictoires les uns avec les autres, selon les circonstances. Tant que l'âme reste chevillée au corps, par la vie tout simplement, elle se ferme l'accès à ces idées enfouies en elle depuis bien avant la naissance, sauf si elle parvient à se libérer du sensible, à s'en distancier, à l'instar des prisonniers de la Caverne. La nécessité de la philosophie découle de ce besoin de libération à l'égard du sensible pour accéder à la vérité.

À première vue, la solution de la réminiscence semble satisfaisante, si ce n'est que, sans que Platon ne s'en soit rendu compte, elle répète le *paradoxe du Ménon*. Car si je sais ce dont je dois me souvenir, je ne l'ai pas oublié, et si c'est caché dans les tréfonds de ma mémoire, je ne sais même pas ce dont je dois ou peux me souvenir. Bref, ici encore, l'accès au savoir demeure un mystère total. Pas plus que le questionnement, la réminiscence ne semble permettre l'acquisition du savoir. Pourtant, la solution à ce paradoxe est simple et élégante [1]. Pour y parvenir, traduisons le paradoxe du questionnement dans les seuls termes qui permettent de le résoudre, les termes de la *différence problématologique*, qui est la différence question-réponse : si je sais *ce que* je cherche, c'est que je sais ce qui fait *question*, un « *ce qui* » qui traduit cette question ; c'est donc utile d'en chercher la *réponse*, et c'est possible puisqu'on sait ce qu'on cherche. Et si j'ignore *ce que* je cherche, c'est utile de questionner puisque ce que je cherche, c'est une réponse et qu'il faut bien questionner avant de pouvoir répondre. Ce qui résout le paradoxe du questionnement tient à la différence question-réponse, qui est explicitée comme telle et qui est concentrée dans la différence des deux *ce que*, qui traduisent et une question et la réponse, : « *ce que* je cherche » n'est pas la même chose que « *ce que* j'ignore ». Quand je dis « je sais ce que je cherche… », je veux dire que je sais ce qui est en question, et quand je dis « je ne sais pas ce que je cherche », c'est la réponse que j'ignore, sinon ce serait effectivement impossible d'y arriver. Il ne s'agit pas du même objet dans le « *ce que* » de ces deux propositions. Dans la première, « j'ignore *ce que* je cherche » est une expression qui renvoie bien évidemment à la réponse, car c'est bien une *réponse* que je recherche, tandis que dans la seconde, « si je sais *ce que* je cherche », c'est pour dire que je sais ce dont il est *question*. La différence question-réponse ne peut donc être abolie, et c'est Socrate qui a raison. Ce que j'ignore est la réponse, et ce que je sais, quand je cherche, c'est la question, ce qui fait problème et qui est l'objet de la question. C'est la traduction *problématologique* du paradoxe

---

1. Nous l'avons maintes fois exposée, dès 1986, dans *De la problématologie* comme encore dans *Questionnement et historicité*, Paris, P.U.F., 2000.

qui en constitue la seule vraie lecture : « si je sais quelle question poser, c'est utile de questionner pour trouver la réponse, et cela en devient possible puisque je sais précisément ce que je dois chercher. Il faut que je sache ce que je cherche (question) et que j'ignore ce que je dois trouver (réponse) pour que le questionnement soit utile et rende possible l'acquisition de la vérité. Ainsi, se trouve posée la *différence problématologique* ou différence entre la question et la réponse comme fondement de la pensée et du savoir. Quand on refoule le questionnement *comme tel*, ce qui se passe en philosophie depuis Platon, il faut que cette différence, qui joue un rôle essentiel, fondateur, même, du philosophique, se retrouve autrement, dans d'autres concepts, qui déplacent cette différence question-réponse, d'où des dualismes comme le sensible et l'intelligible qui vont remplir la même fonction. A côté du sensible et de l'intelligible, on trouve aussi l'être et l'apparence, et plus tard, le sujet et l'objet qui vont jouer le même rôle, d'obstacle et de résolutoire.[1]

Questionner pour atteindre la réponse est utile et même nécessaire pour ce faire, et n'est donc aucunement impossible. Le dualisme du sensible et de l'intelligible, du corps et de l'esprit, de l'âme et de la matière physique, ont servi à exprimer d'une autre façon la différence problématologique, en permettant de refouler le questionnement qu'elle exprime et qu'il fallait abolir, comme si, du simple fait de cette disparition, on disposait du même coup de la solution. La différence question-réponse se déplace dans ces dualismes qui n'y font plus référence – refoulement oblige –. La réalité du dualisme question-réponse ne pouvant être abolie, elle ne peut être que déplacée, travestie, refoulée

---

1. Sur tout cela, voir M. Meyer, *De la problématologie, op. cit.* et plus récemment, *Qu'est-ce que le questionnement ?*, Paris, Vrin, 2017.

à l'aide d'autres couples, qui vont jouer le même rôle pour expliquer l'acquisition du savoir vrai, mais qui servent à refouler le rôle sous-jacent du questionnement fondateur.

Une dialectique qui, mystérieusement, par décret de scientificité (Platon), avalerait les questions et les réponses dans des entités qui les aboliraient toutes deux dans un discours indifférencié, celui de la proposition, qui peut exprimer des questions comme des réponses, tel est le nouveau modèle de la Raison selon Platon. Le *propositionnalisme* est le nom de cette conception, qui prévaut de façon continue depuis Platon. Le propositionnalisme généralise un modèle de résolution qui opère comme refoulement du questionnement et qui repose sur cette in-différenciation des questions et des réponses, grâce au concept neutre, indifférencié, de proposition. Supprimer les alternatives, n'est-ce pas se dire qu'on n'a plus qu'*une* proposition possible, c'est-à-dire la réponse ? C'est bien évidemment ce qu'a soutenu, implicitement, le propositionnalisme. En fait, la proposition est une expression neutre, asexuée pour ainsi dire – comme l'est d'ailleurs le concept de jugement – qui peut aussi bien traduire une question qu'une réponse, vu que, pour le propositionnalisme, il n'est pas essentiel de respecter leur différence en dehors de la proposition, qui la modulera parmi d'autres modalités d'énonciations. Il fait du discours une chaîne autonome de propositions ne répondant à rien d'autre qu'à d'autres propositions, ou plutôt qui ne *répondent* à *rien* (grâce au lien d'implication logique, qui est purement propositionnel) sauf, paradoxalement, au *problème* de ne pas apparaître comme étant des réponses, afin de ne pas avoir à se préoccuper des questions dont elles sont issues pour *être* réponses. Le problème du propositionnalisme est que ce qui est pour lui solution est le refoulement de tout ce qui pourrait renvoyer à un problème, ce qui demeure à la base un véritable paradoxe, vu que c'est quand même un *problème*, ou plutôt *son* problème, implicite en l'occurrence. Peut-on vraiment soutenir une pareille idée : « plus de questions, donc des solutions », comme si l'absence ou la disparition des premières, faisait automatiquement qu'on avait les secondes, et qu'en ayant les secondes, les questions disparaissaient du même coup ?

La dialectique, qui met en œuvre des questions et des réponses, trouve ainsi l'aboutissement de son projet résolutoire dans la scientificité qui les fait disparaître une fois trouvées, car même les réponses n'apparaissent plus comme telles, une fois que l'on parle de « résultat » et de « proposition » vraie. Mais une difficulté demeure, soulevée par Platon : comment concilier l'inconciliable, à savoir des questions « subjectives » et des réponses qui, si elles sont vraies, ne peuvent l'être ? « $2 + 2 = 4$ » est une proposition vraie pour tout le monde, qu'on la conteste, qu'on la nie, qu'on l'ignore, qu'on ne la comprenne pas, ou qu'on ait effectivement ou non posé la question. Dialectique et science, n'en déplaise à Platon, sont incompatibles, à moins de refouler totalement le questionnement, par exemple dans une théorie de Idées, et d'identifier celle-ci à la "nouvelle" dialectique, ainsi expurgée. On voit bien le problème de Socrate avec ses questions « Qu'est-ce que X ? ». Si je cherche à savoir ce qu'est X, comme je ne sais rien d'autre que cela, à savoir qu'il est X, je ne sais rien de X si ce n'est qu'il est un X, et par là, je n'avance en rien dans mon investigation. Pour parler comme Heidegger, X est l'Etre dont je ne puis rien dire si ce n'est qu'il est, pas même qu'il est l'Etre, à moins que ce terme soit celui du Rien et qu'on s'arrête là. Pour mieux saisir la difficulté qu'il faut affronter, prenons un exemple : « *Qui* est Napoléon ? ». La question m'indique déjà qu'il est un *qui*, et comme je cherche justement à savoir *qui* il est, il faut bien, pour que je puisse travailler avec la question, que je m'appuie sur du savoir préalable sur ce *Qui*, un interrogatif qui m'oriente vers le type de réponse attendue, et qu'on appelle une *catégorie*. Quel est ce savoir préalable vers lequel je m'oriente grâce à la catégorisation du problème ? Il est constitué par les réponses à des questions qui ne se posent plus et dont je dispose par ailleurs sur Napoléon : c'est ce qui est non problématique dans mon questionnement. Qu'est X si je demande ce qu'est X ou qui est X ? Avec ce seul X, je ne sais pas ce que je demande, c'est-à-dire ce qui fait problème. Un X, certes, mais c'est un X. Je vais donc tourner en rond, sans jamais pouvoir en sortir, à moins de faire de X une *réponse problématologique*, demandant à sortir de la multiplicité indéterminée de connaissances plus ou moins précises attachées à X dont je dispose dès le départ. Mais, dans une question telle que « Qu'est-ce que X ? », si j'ignore *tout* de X, puisque c'est ce que je demande à savoir, alors je ne sais vraiment pas ce que je cherche et c'est inutile de s'y atteler. On a l'impression ici de répéter le paradoxe du *Ménon*. C'est plus un paradoxe sur l'ontologie que sur le questionnement, finalement. Demander ce qu'est quelque chose dont on ne sait rien, c'est interroger *quoi* précisément ? Un X pareil, vide, n'existe pas dans la vie réelle, puisqu'elle est réelle, on sait toujours quelque chose sur ce que l'on demande, sinon on ne le demanderait pas. Sinon, en demandant « qu'est-ce que X ? », on pourrait l'appeler Y ou Z. Or, on parle de X. Qu'est-ce qui le singularise et l'identifie en propre ? On a là une indétermination dans la question même qui fait que X peut être *a*, *b*, *c*, *d*... sans que cela soit contradictoire, chaque réponse valant bien n'importe quelle autre, puisque la question ne précise pas ce *dont* il s'agit, *ce qui* est en question. Est-ce ainsi qu'on procède quand on interroge quelque chose ? Bien sûr que non. Donc, quand on demande « Qu'est-ce que X ? » plutôt que « Qu'est-ce que Y ? », il faut forcément savoir quelque chose de X spécifiquement, disposer de réponses antérieures à son propos, même si la question ouvre un processus de mobilisation de réponses antérieures qui vient en un second temps. Ces réponses qui identifient le problématique en propre, on les appelle réponses *problématologiques*. Mais revenons à Platon, pour comprendre ce que va faire Aristote.

La méthode platonicienne issue de la démarche de Socrate oblige à repenser la dialectique : contrairement à ce que soutient Platon, elle n'est pas la science des Idées, elle reste un jeu de questions et de réponses que l'on retrouve dans les joutes oratoires étudiées par Aristote dans les *Topiques*. Le *logos* y apparaît comme le discours où se nouent les séquences questions-réponses, et dans la joute dialectique, chacun y va de sa question comme de son opinion. Si la dialectique n'est pas la science et, comme le dit Aristote [1], ne pourra jamais le devenir *par principe*, alors il va bien falloir trouver comment on acquiert celle-ci et déterminer ce qui fait d'elle un savoir. Comme on l'a déjà dit, cela va conduire Aristote à élaborer une théorie de la science distincte de la dialectique. Il va faire la théorie des deux, pour bien les distinguer. Cela donnera une théorie de la logique et du syllogisme scientifique d'une part, et la rhétorique d'autre part. Ce faisant, il étendra le champ de la dialectique socratique. Les *Analytiques* ont, chez

---

1. *Réfutations sophistiques* (172a 16) : « On ne peut rien prouver quant à ce que sont les choses par une méthode qui procéderait à l'aide de questions »

Aristote, cette fonction de théorie de la science, grâce à une théorie du syllogisme très complète, qui tient lieu de méthode de validation des preuves et des raisonnements. Par contre, tout raisonnement n'énonce pas ce qui est forcément vrai, car les conclusions peuvent être problématiques, discutables, et seulement vraisemblables, et c'est l'objet de la rhétorique, avec son raisonnement propre, l'*enthymème*. Avec une « dialectique éclatée », héritée de Platon et de Socrate, Aristote se devait ainsi de repenser *et* la rhétorique en dehors de la sophistique, qu'il rejette comme Platon, *et* la science, désormais distincte de la dialectique, malgré Platon, qui abandonne la méthode socratique tout en en gardant le nom.

Comment Aristote construit-il son système de pensée et de connaissance ? Il va distinguer ce qui est mais qui pourrait ne pas être (c'est l'objet de la rhétorique), de ce qui est et qui *ne* peut *pas* ne pas être, ce qui est l'objet de la logique et du syllogisme *scientifique* en tant que raisonnement contraignant. Mais il y a aussi ce qui *n*'est *pas* mais qui pourrait être : c'est l'objet de la *poétique*. Et enfin, il y a simplement ce qui est parce qu'il *est*, et qui ne peut pas ne pas être, c'est l'Etre comme « objet » de la *métaphysique*, laquelle est, comme l'a montré Pierre Aubenque[1], « une science introuvable », et on a vu pourquoi : l'Etre comme X indifférencié, peut être aussi bien Y que Z, en étant tout simplement l'Etre. Au-delà de ce constat, que peut-on dire de l'Etre sans devoir le catégoriser plus spécifiquement ? Dans cette ontologie générale, il y a enfin ce qui n'est pas encore ce qu'il est, mais qui est en puissance, et qui le deviendra par finalité

---

1. P. Aubenque, *Le problème de l'Etre chez Aristote*, Paris, P.U.F., 1962.

interne, essentielle ; c'est ce qui va naître et devenir, d'où la *biologie*. Il y aura ce qui sera, mais par l'œuvre de l'humain, de sa *praxis*. D'où l'*éthique* et la *politique*. Il y a aussi ce qui est en acte qui était en puissance : le devenir comme le mouvement formeront l'objet de la *physique*. Comme on le voit, le « programme » d'Aristote est celui d'une refondation quasi complète de tout le savoir humain à partir de l'Etre, un être dicible et non pas irréductible au *logos*, comme l'Etre de Heidegger.

Quant à la rhétorique, qui est notre préoccupation ici, elle participe des « sciences humaines », puisqu'elle relève de l'analyse des discours que tiennent les hommes entre eux sur tous les sujets qui les intriguent et qui exprime ce qu'ils doivent affronter en commun. C'est ce qui fait que s'y mêlent la politique, la poétique, l'éthique, et la théorie du raisonnement (syllogistique). C'est comme si la rhétorique était le concentré de toutes ces problématiques, la politique les chapeautant toutes en raison de la fin humaine ultime qui se joue dans les discussions communes, et qui est le vivre-ensemble qu'il importe de pouvoir définir. D'où la discussion, l'affrontement, et au bout du compte, la délibération.

Grâce à notre approche fondée sur le questionnement (la problématologie), nous avons résolu le paradoxe du *Ménon* et montré qu'au fond, la rhétorique tient son côté interrogatif de la dialectique, mais qu'elle vise autre chose qu'à contester. Elle comporte une seconde partie, où on produit des réponses qui, par élégance et style, dissipe le problématique dans l'évidence et la plaisir qu'elle procure à l'esprit par la seule forme. Aristote, malgré une fidélité certaine à Platon, cherche à s'en démarquer, en rendant la rhétorique utile et en faisant de la dialectique une pratique distincte, qu'on assimilerait aujourd'hui à de l'argumentation comme entreprise de contestation entre interlocuteurs, où chacun attaque les positions de l'autre. L'argumentation est devenue aujourd'hui plus positive, car une argumentation est souvent un plaidoyer nourri, narratif, plus vaste qu'une critique de la position adverse. On parle d'argumentaire. Mais la rhétorique, qui englobe cette technique, ne s'y limite pas non plus.

CHAPITRE II

COMMENT ARISTOTE DÉFINIT-IL
LA RHÉTORIQUE PAR RAPPORT
À LA DIALECTIQUE ?

LES DIFFICULTÉS POSÉES PAR LEUR DISTINCTION

On l'a vu, c'est là l'objet du premier paragraphe de la *Rhétorique*. Que dit-il au juste ? Que la « rhétorique est le pendant de la rhétorique », son analogue, le mot grec est *antistrophos*. C'est un terme qui est emprunté au théâtre, pour signifier une *réponse* à la première strophe du chœur. Elle lui fait écho, mais le fait à partir d'un autre point de vue. D'où l'idée que l'antistrophe est une réponse. Il doit donc y avoir une question sous-jacente, et on a là deux manières d'y répondre, la dialectique et la rhétorique. Elles ont des points communs, on argumente en rhétorique, mais aussi en dialectique, mais malgré cela, elles sont différentes. pourtant, il s'agit là, d'un étrange début, énigmatique en tous cas. De plus, les phrases qui suivent sont plutôt négatives : la rhétorique n'a pas été bien étudiée jusqu'ici, précise Aristote. On y a tout mis sauf l'essentiel, à savoir la preuve par *enthymème*, et ce qu'on a dit de la rhétorique passait ainsi à côté de ce qui la caractérisait en propre, même si c'est un art (*technè*), une technique.

De tels débuts méritent qu'on s'y arrête car, au fond, tout ce qui viendra par la suite se joue dans ces premières pages, dans les premiers paragraphes de la *Rhétorique*, où Aristote cherche à délimiter le champ de cette discipline tant décriée par Platon, ravalée même à de la pure manipulation. Philosophiquement, elle n'a donc aucune valeur aux yeux de Platon, si ce n'est comme ennemi à combattre, incarnée dans la figure du sophiste, l'illusionniste de la philosophie et de la pensée juste.

Ce qui va embarrasser Aristote est qu'il a besoin du questionnement, alors qu'il suit Platon dans son rejet de la méthode socratique qui, parce qu'elle joue sur les contraires, semble être plutôt le calque de la démarche sophistique. Dès lors, Aristote est obligé d'aller vers une vision centrée non sur les réponses, qui renvoient à des questions, comme dans la démarche sophistique, mais sur les propositions, qui ne renvoient qu'à elles-mêmes. Et là, problème : comment singulariser une rhétorique aux conclusions probables, opposables, alors que dans toute opposition propositionnelle, il y a toujours une contradiction ? On a A ou non-A, et si on a l'un, on doit exclure l'autre, ce qu'établit la syllogistique qu'on trouve en science, et qui est supérieure à toute autre forme de raisonnement, qui apparaît donc plus *faible*, plus incertaine, plus problématique dirions-nous, même si c'est là un terme que rejetterait Aristote. D'où le choix du propositionnalisme, qui est le langage des réponses sans question, ce qui fait qu'on n'a pas à les penser en propre. De ce fait, une « réponse » forcément sans question, donc sans débat, est sans opposition, sans alternative – ce qu'est une question – qui ne soit une contradiction, un terme qui relève exclusivement de l'ordre des *réponses*, où, faute d'alternative, on ne peut avoir qu'un seul de ses termes.

Aristote veut donc trouver l'équivalent rhétorique du raisonnement logique, ce que sera l'*enthymème*, qui est un syllogisme, mais dépourvu de contraignance. L'essentiel de la contribution d'Aristote sera d'offrir l'étude la plus systématique possible qui soit du syllogisme rhétorique, qu'il présentera d'ailleurs comme *sa* contribution originale au domaine.

Mais il reste la question de savoir précisément que signifie cette première phrase du texte « La rhétorique est l'*antistrophos* de la dialectique ». La dialectique est précisément ce jeu question-réponse qu'on appelle la joute oratoire où, à coup d'arguments, on cherche à réfuter l'adversaire, donc la thèse qu'il défend. La dialectique s'occuperait de questions générales – autant dire, formelles – tandis que la rhétorique porterait sur des problèmes particuliers. D'où l'importance en rhétorique du caractère des protagonistes, de l'auditoire, de ses passions et des questions qui les expriment et les contiennent, alors que la dialectique porte sur des relations générales, formelles, comme le contradictoire ou le possible, par exemple. [1] Au fond, la dialectique serait une rhétorique sans interlocuteurs, alors que celle-ci serait « personnalisée ». Les commentateurs différencient la rhétorique et la dialectique par le fait que « la dialectique s'occupe pratiquement et théoriquement avec toutes les sortes de problèmes ou questions qu'on lui soumet ; elle procède par question et réponse sous forme de débat, des débats qui sont d'un caractère général et universel ; tandis que les sujets de la rhétorique sont pratiquement, mais pas théoriquement, absolument limités à la politique. Il en résulte que la rhétorique adopte une

---

1. *Rhétorique* 1356 b35 – 1357 a5.

méthode de narration continue ou d'explication. »[1] Notons qu'Aristote dénie[2] aussi le fait que la rhétorique et la dialectique aient un contenu déterminé, des objets propres. Du coup, alors qu'on croyait avoir résolu le problème de leur différence, Aristote repousse plus avant la question de savoir ce qui les distingue vraiment. Au bout du compte, on ne sait toujours pas en quoi l'une est le pendant de l'autre. Le mot « *antistrophos* » renvoie au *répondre* tel qu'on le trouve dans la tragédie. C'est une réponse qui traduit un mouvement de balancier, une inversion comme AB est à BA, un deuxième couplet qui répond au premier, comme par un effet-miroir, bref, c'est une répétition en ordre inverse. En sait-on davantage sur les rapports entre dialectique et rhétorique avec cette métaphore théâtrale ? On sait juste qu'elles se répondent l'une l'autre. Parce que l'une est centrée sur les questions et l'autre, sur des réponses ?

La dialectique apparaît quand même plus conflictuelle, étant davantage focalisée sur la réfutation que sur la proposition de nouvelles réponses, ce que fait la rhétorique, qui, elle, produit du discours. La raison à cela serait l'aspect formel de l'une, et l'aspect matériel, concret, de l'autre. Or, qu'est-ce que produire du discours, pour Aristote, quand on part de positions préalables, admises par certains ou par tous, en tout cas, acceptées comme *prémisses* du raisonnement ? La définition d'Aristote du raisonnement est très claire à ce propos, c'est « un discours dans lequel certaines choses étant posées, une autre chose différente d'elles en résulte »[3], nécessairement dans le syllogisme

1. E. Cope, *The Rhetoric of Aristotle*. A commentary (1877), vol. 1, Cambridge University Press, 2010, p. 3.
2. *Rhétorique* 1356 a30.
3. *Topiques* 100 a25 (trad. fr. J. Tricot).

scientifique, vraisemblablement dans les autres types de discours où ce qui est posé au départ est seulement vraisemblable ou probable. L'idée sous-jacente de la *Rhétorique* d'Aristote est que la rhétorique sert avant tout à convaincre, à justifier, donc à raisonner. Il y a une rationalité de la rhétorique, et du *logos* en général, qui se matérialise dans l'argumentation et le raisonnement qui s'y déploie. La dialectique infuse la rhétorique, mais comme en rhétorique le poids est mis avant tout sur les réponses plutôt que sur les questions, elle en diffère également par la stratégie d'exposition. En quelques phrases : la rhétorique vise à présenter des questions qui ne se posent plus en en offrant une réponse, contestable ou non, contestée ou non, alors que la dialectique est centrée sur l'interrogativité et la mise en question de thèses, comme au tribunal. En conséquence, les interlocuteurs sont bien présents dans la confrontation dialectique, mais c'est la contradictoirité, donc, l'alternative, qui importe, alors qu'en rhétorique (aujourd'hui), c'est la relation des interlocuteurs qui est déterminante pour un *logos* déproblématisé, qui doit donc être bien argumenté ou plaisant et bien formulé. La différence dialectique-rhétorique tient alors à la façon dont est traité ce qui est problématique. La rhétorique est ainsi l'inverse de la dialectique, parce qu'elle ne fait pas qu'opposer et réfuter, mais qu'elle prend en compte des interlocuteurs, mais qui ne questionnent plus expressément, ce qui ne veut pas dire qu'ils ne se posent pas de questions. Est-ce là la bonne vision de la dialectique et de la rhétorique ? La dialectique réfute, avec des arguments et grâce à des lieux communs, tandis que la rhétorique, plus inclusive, ne se limite pas à argumenter ce qui est problématique, mais vise à dire le persuasif et le convaincant. Certes, la dialectique demeure proche de la rhétorique à bien des égards. Comme on le voit dans les *Topiques*, on contredit, on s'oppose, mais on argumente aussi, et la prééminence du raisonnement fait que rhétorique et dialectique sont fort semblables. On comprend que la gageure de leur démarcation ait pu hanter Aristote. Certains commentateurs, et non des moindres, ont pensé la difficulté en préférant voir dans les *Topiques*, qui traite de dialectique, un texte antérieur à la *Rhétorique*, mais là encore, cette « explication » par l'antériorité (la rhétorique serait un développement incluant la dialectique à la fin, ce qui est la position moderne et actuelle) ne précise pas ce qui constitue leur différence. Il y a donc ici une réelle difficulté, sur laquelle on ne peut passer trop vite.

Revenons aux conditions et à la définition de la rhétorique pour voir plus clair : Aristote la définit comme « ce qui, *pour chaque question particulière*, nous permet de découvrir ce qui est propre à persuader » (1355b).

ARISTOTE ET LA RHÉTORIQUE : TRANSGRESSER L'HÉRITAGE DE SA RÉDUCTION PLATONICIENNE À LA JOUTE ORATOIRE

La définition de la rhétorique que nous venons de citer a de quoi surprendre. La rhétorique n'est pas l'art de persuader comme on aurait pu le penser, mais ce qui pour une *question* donnée donne la technique, donc les moyens non de répondre, mais de persuader avec les réponses dont on dispose. Ce qui se joue n'est donc pas comment on a trouvé ces réponses, mais ce qui les rend persuasives. Qu'est-ce que la persuasion (*pistis*) ? Ce qui se nourrit de preuves, de témoignages, de raisons. N'est-ce pas ce qui fait que l'alternative s'abolit dans une seule proposition, et que cette disparition coïncide donc avec une seule réponse ? C'est cette abolition, cette élimination, qui persuade, étant entendu que ce processus coïncide avec ce que le propositionnalisme entend par répondre. Mais Aristote a bien du mal à séparer le répondre de la technique qui le rend acceptable à *quelqu'un*. Sans doute que pour lui, la rationalité est persuasive en elle-même. Pourtant, en dissociant la rhétorique de la persuasion directe pour faire de celle-là la recherche de ce qui est persuasif – ce qui restreint la rhétorique à l'argumentation –, Aristote ne peut plus encourir la critique que fait Platon de la rhétorique dans le *Gorgias* (453a-454a). Quel est le détail de cette critique ? Pour le sophiste, c'est-à-dire le praticien de la rhétorique, celle-ci vise à *produire* la persuasion. Mais Socrate interpelle Gorgias sur la spécificité de la rhétorique, car tout discours se veut persuasif par les vérités qu'il déploie : l'art médical persuade le patient des vérités qu'il a su trouver sur les maladies et les moyens de les soigner ; l'architecte est convaincant sur l'art de construire une maison par le savoir qu'il possède sur ce sujet, etc. Et la rhétorique, sur quel sujet spécifique persuade-t-elle, puisqu'elle n'a pas de sujet propre ? Quel est l'objet dont elle serait le savoir ? Elle est dans toutes les disciplines sans en être aucune. « Nous pourrions montrer, dit Socrate, que toutes les autres sciences précédemment énumérées, sont des ouvrières de persuasion, et dire de quelle persuasion et à propos de quoi. » [1] La rhétorique n'a pas d'objet propre « en plus », pourrait-on dire, puisqu'on la trouve dans toute science comme dans tout discours en général. Tout un chacun veut convaincre. On n'en a donc pas besoin, puisqu'elle redouble tous les discours et qu'elle ne porte sur rien en propre. Aristote semble d'accord avec Platon

---

1. Platon, *Gorgias* 454a (trad. fr. A. Croisset).

sur ce point, et c'est pour cette raison qu'il définit la rhétorique, non par la persuasion qu'elle produirait, ce que fait tout discours, toute science, sans être appelée « rhétorique », mais par les moyens qu'il faut mettre en œuvre quand il y a un problème pour l'éliminer par une réponse. C'est faire de la problématologie sans en faire, puisqu'on veut en faire sans se référer au questionnement. C'est toute l'ambiguïté du projet aristotélicien, qui va faire du vraisemblable « l'objet » de la rhétorique, mettant du problématologique dans du propositionnel, où il se perdra. Mais de fait, la rhétorique porte sur ce qui engendre une réponse quand il y a une question. On délibère, on conclut, on infère, bref, on élimine des alternatives et ce faisant, on répond. Ce n'est ni vrai, ni faux, c'est, au mieux, vraisemblable, mais cela ne semble pas non plus le plus important. Ce qui importe, pour Aristote, c'est de croire et d'adhérer à la conclusion, de l'accepter comme « réponse » alors que d'autres sont possibles.

La finalité de cette rhétorique est à distinguer de son objet, qui est de voir comment on délibère quand on est confronté à une question, à une alternative. On a aussi beaucoup disserté sur cette finalité de la rhétorique. Est-elle éthique ? Est-elle politique ? Platon avait bien vu que la rhétorique n'était pas simplement dialectique, mais poursuite d'un accord ou d'un consensus, ce que vise la politique.

> J'imagine, Gorgias, que tu as assisté, comme moi, à de nombreuses discussions et que tu as dû remarquer combien il est rare que les deux adversaires commencent par définir exactement le sujet de leur entretien, puis se séparent après s'être instruits et éclairés réciproquement : au lieu de cela, s'ils sont en désaccord et que l'un des deux trouve que l'autre se trompe ou n'est pas clair, ils s'irritent, accusent l'adversaire de malveillance et leur discussion

est plutôt une dispute que l'examen d'un problème. Quelques-uns même finissent par se séparer fort vilainement, après un tel échange d'injures que les assistants s'en veulent à eux-mêmes de s'être risqués en pareille compagnie [1].

On ne débat pas forcément pour convaincre et obtenir un accord. Dans l'accord, un des deux opposants rejoint l'autre, convaincu par lui, se rendant à ses arguments et oubliant les siens. C'est là, rappelle Platon, une vision assez irénique de la rhétorique qui ne colle guère aux faits ni à la vérité psychologique des êtres en société. On aimerait bien qu'il en aille de la sorte, mais ce serait prendre ses désirs pour la réalité.

Alors, à quoi sert la rhétorique si elle n'est qu'une éthique ou un instrument politique ? Si la rhétorique est un mouvement « naturel » de l'esprit humain, c'est sans nul doute parce que l'homme vit en société et qu'il faut négocier avec les autres par l'intermédiaire du langage pour pouvoir accepter et faire accepter des points de vue différents. La rhétorique sert à négocier la distance qui est jugée « bonne » entre les uns et les autres, entre les individus mais aussi entre les groupes. La première réaction qu'on observe entre les êtres est précisément l'évitement, l'éloignement, mais aussi l'inverse, le rapprochement. La rhétorique est le moment qui voit le naturel se muer en culturel, où autrui est là, présent comme problème premier. C'est dans l'échange et la réciprocité que se joue la relation interpersonnelle, dont la rhétorique traduit les enjeux. Du même coup, le fossé se creuse ou se comble. On le minimise ou on l'accentue et à partir de là, on peut faire ou non des choses ensemble, quitte à ce que ce soit avec certains contre

1. Platon, *Gorgias* 457c-d.

d'autres. La rhétorique sert aussi l'éthique en ce qu'elle donne la mesure de la distance, et que par-là, se trouve précisé ce qui permet d'éviter que cette distance ne dégénère en conflit après avoir été une opposition.

Ainsi, pour Aristote, ce n'est pas l'auditoire qu'il faut persuader qui compte dans ce qu'il entend par rhétorique, mais le fait qu'il existe des moyens, donc une technique (*technè*), une méthode qui se traduit dans le *logos* et qui permet de traiter chaque question, entraînant l'adhésion à ce qu'il faut donc bien considérer comme une *réponse*. D'ailleurs, ajoute-t-il, il n'y aurait pas de rhétorique s'il ne « fallait pas trancher des questions, c'est-à-dire se prononcer sur ce qui est clairement susceptible de recevoir deux solutions contraires »[1]. L'enthymème n'est jamais qu'une procédure de décision en la matière, procédure qu'il faut adopter en raison de ce choix possible, c'est-à-dire de cette alternative, alors que les protagonistes sont confrontés à plusieurs prémisses. Les jugements qu'on peut invoquer sont innombrables et ne sont pas forcément partagés. L'enthymème, au fond, fait un choix parmi des faits multiples, qui donnent lieu à des jugements pertinents opposables. L'enthymème ne dit que ceci : « si vous faites le choix A, alors sachez que vous devrez vous en tenir à B », ce qui n'empêche pas qu'on revienne sur ce choix pour éviter la conclusion, qu'on en fasse d'autres sur d'autres bases, ou qu'on les redéfinisse autrement, en les interprétant différemment. Mais Aristote défend l'idée qu'on peut décider par la rhétorique de toutes les questions que la science ne résout pas avec certitude. C'est grâce au syllogisme rhétorique qu'on peut opter pour B plutôt que pour non-B. Si on ne le faisait pas, la plupart des gens

---

1. *Rhétorique* 1357a.

seraient livrés à l'incertitude et à l'indécision dans leur vie quotidienne. Celle-ci est faite sans cesse de choix sur d'innombrables questions, où l'on se demande si l'on doit agir et penser dans un sens plutôt que dans un autre, si c'est bien ou mal, si c'est utile pour soi ou les autres. « D'où il découle que la rhétorique est, comme on a dit au début, une partie, une branche, de la dialectique et de l'éthique qu'il est juste de définir comme politique »[1]. Dans notre conception de la rhétorique, où celle-ci est définie comme négociation de la *distance* entre les individus sur une *question* qui exprime cette distance, qui l'implique en quelque sorte, la rhétorique relève à la fois des sciences humaines, puisqu'il est question de la distance, qui est sociale, et de la philosophie, parce qu'il y a un questionnement à l'œuvre. Quant à la référence qu'Aristote fait ici à la morale, elle ne peut se comprendre si on perd de vue l'origine du mot *éthique* : c'est l'*ethos*. L'*ethos*, c'est l'orateur *et*, métonymiquement, sa crédibilité, sa fiabilité, sa *valeur* en tant que répondant, c'est-à-dire comme expert, comme sachant, ou, comme homme en général, si aucune expertise particulière n'est requise. Sa valeur tient à ce qu'il respecte *les* valeurs, celles de la Cité (*polis*) et qui définissent le vivre-ensemble. La rhétorique relèverait ainsi de la dialectique par sa forme, par le simple fait qu'elle joue sur les contraires pour éliminer un ou deux termes de l'alternative, mais aussi de la politique, quant à sa finalité, en ce que les citoyens qui débattent s'interrogent sur ce qui peut assurer le vivre-ensemble dont ils mettent sur la table les modalités pour prendre les décisions en commun, et examiner ce qui est le plus utile pour la Cité. On est loin du modèle aristocratique, si cher à Platon, où les penseurs

---

1. *Rhétorique* 1356a.

savent, ordonnent, tandis que les nobles guerriers font appliquer du haut vers le bas de la Cité des décisions qu'ils imposent à tous. Avec Aristote, il y a rhétorique, parce qu'on accepte que chacun – les hommes libres en tout cas – puisse débattre de ses conceptions du Bien, avant d'arriver à une décision commune qui s'appliquera à tous, démocratiquement. C'est le répondre qui prime, alors que dans la dialectique, c'est le questionnement, même si les deux partagent le même souci de raisonner, de déduire et d'induire.

Rhétorique et dialectique sont ainsi traversées par des similitudes mais aussi par une différence essentielle, selon Aristote : si toutes deux traitent de questions, et du problématique en général, pour décider de la réponse entre A et non-A, ce qui est une alternative, donc une question, par contre, en rhétorique, la tâche est de produire du discours, du discours adapté au contexte interlocutoire. D'où le recours à une narration autant qu'à des arguments.

Est-ce que la *différence* entre la rhétorique et la dialectique a aujourd'hui encore un sens ? Pour répondre à cette question, il convient de revenir aux fondamentaux, voire au fondamental : le questionnement. Si la dialectique – disons l'argumentation – et la rhétorique au sens plus strict du discours éloquent, se font face, se font écho, comme par effet de miroir, c'est parce que ce sont deux manières complémentaires, « antistrophiques » (c'est-à-dire qui se répondent), de traiter d'une question. Il n'y a d'ailleurs pas une foule de manières pour traiter une question. *En fait, il n'y en a que deux.* Soit on part de la question, de l'alternative, qu'on finit par résoudre en éliminant la contradiction A/non-A, soit on part de la réponse, ce qui résulte du fait qu'on en en propose simplement une, ce qui a pour effet d'avaler la question et de la faire disparaître dans et par la réponse que l'on propose. La première méthode met la question sur la table, si l'on peut dire, la seconde la laisse à l'état implicite, « sous la table », pour reprendre la même métaphore, ce qui fait que la question disparaît comme si elle était résolue de ce fait même. Cela exige de l'éloquence et du style pour y parvenir. Dans le premier cas, on argumente, comme au tribunal, où les parties s'affrontent au travers de joutes contradictoires de contre-interrogatoires, et dans le second, on fait de la rhétorique. Et là, on doit faire preuve d'éloquence et de style pour faire passer comme réponse ce qui « avale » la question comme si on avait la solution. D'où la possibilité de séduction et de manipulation, mais aussi de l'esthétique, car le style et l'éloquence exigent que le discours soit beau, plaisant, bien tourné, vu qu'il s'agit de faire passer pour réponse ce qui n'a pas été argumenté comme tel, ce qui est désormais le rôle de la dialectique « nouvelle formule », qui englobe ce qu'Aristote appelait l'analyse de l'enthymème et de l'exemplification. C'est ainsi que sont nées la rhétorique des conflits, avec le droit pour modèle, et la rhétorique des figures, avec la littérature comme discours emblématique de « la » rhétorique (au sens strict, car au sens large, la rhétorique comme discipline englobe les deux, se composant *et* de la rhétorique des figures *et* de la rhétorique des conflits, celle qu'Aristote appelait la *dialectique*). On se dit bien que si l'on met la question sur la table, comme au tribunal, c'est parce qu'elle est fortement problématique, et ici, en l'occurrence, conflictuelle.

DESTIN DE LA DIALECTIQUE, DESTIN DE LA RHÉTORIQUE

La résolution de l'énigme de cette première ligne à l'aide de notre théorie du questionnement nous a retenu un peu longtemps, mais son importance est cruciale pour la délimitation du champ et les prérogatives de chaque type de rhétorique, celle des figures et celle des conflits. Ce problème eût été insoluble si on n'avait pu faire appel au rôle du questionnement, auquel d'ailleurs Aristote fait allusion dans sa définition de la rhétorique. C'est le questionnement qui joue le rôle de réel différenciateur entre la rhétorique et la dialectique, en raison de sa présence permanente dans la vie sociale et morale, qui confronte les hommes à de nombreux problèmes. La dialectique est devenue plus tard argumentation, au sens où on argumente afin d'éliminer une thèse, un adversaire, et de promouvoir ainsi la thèse opposée. Très logiquement, la rhétorique au sens restreint du terme est devenue au fil des siècles de plus en plus centrée sur le style et l'éloquence, afin de conserver, tout en les altérant, en les métaphorisant, des réponses acquises qu'il faut mettre au goût de l'auditeur pour leur donner un nouvel habillage qui permette de les considérer encore comme réponses. Là aussi, on modifie, on complète, on redéfinit, mais c'est pour maintenir certaines réponses, malgré les attaques qui voudraient les rendre obsolètes, critiquables, caduques. Pour éviter le mélange des vieilles réponses caduques et problématiques avec les nouvelles, il faut que soit satisfaite une exigence différenciante de validation de ce qui vaut comme réponse et de ce qui ne peut plus l'être au sein même de la discipline qu'est la rhétorique : ne pourra être vue comme réponse que ce qui est justifiable, et susceptible d'être argumenté.

L'argumentation cessera de n'être *que* dialectique pour couvrir des arguments qui ne se réduisent pas à de la réfutation, mais elle demeurera, en raison de ce renvoi au questionnement, une résolution. Quant aux réponses stylisées, celles de la rhétorique conçue au sens restreint du terme, elles relèveront davantage de l'esthétique, et même du plaisant en général, comme veut l'être le discours de tous les jours, par exemple. Toutefois, une exigence reste intangible : il faut éviter la confusion entre les vieilles réponses qui ne sont plus réponses mais que l'on parvient encore à faire passer pour telles, et les nouvelles réponses qui vont les remplacer. Voyons-y là l'ancêtre des combats entre les Anciens et les Modernes, entre les Conservateurs et les Réformistes. L'argumentation est née de la confusion possible entre ces deux types de réponse, qui permettent de se livrer à de la manipulation en rhétorique : l'argumentation doit pouvoir justifier les réponses qui sont telles et éliminer les autres. Ce n'est pas que celles-ci soient fausses, il pourrait même en rester de vraies et d'insubmersibles, malgré l'irruption des nouvelles réponses valides, mais comment faire la différence, si on ne parvient pas à justifier celles qui doivent s'imposer ? Descartes ne pensera pas autrement : tout ce qui est douteux doit, pour lui, être traité *comme* faux, non que cela le soit, mais tant qu'on n'a pas trouvé de critère pour démarquer clairement le douteux du faux, on ne peut faire la différence, faute de quoi, ce qui semble vrai ne peut être différencié de ce qui l'est vraiment. Pour éviter l'erreur, gardons-nous du douteux, tenons-nous-en, dit-il, qu'à ce qui est vrai et *ne* pourrait *pas* ne pas l'être. Encore une fois, l'apodicticité mathématique est le modèle, et la science géométrique, mathématique, sa réalisation. Les « règles de la méthode » rempliront le même rôle que, jadis, les moments de la rhétorique : invention, narration, reprise des arguments (mémoire) et conclusion, vont prendre une nouvelle forme, celle, analytique, des quatre règles de base du *Discours de la Méthode*.[1] A la prise en charge d'une question, Descartes oppose le rejet de ce qui est problématique, en ne « recevant jamais aucune chose pour vraie que je ne la connusse évidemment être telle ». L'*inventio* devient découverte d'arguments non opposables, c'est-à-dire apodictiques, donc analytiques comme en géométrie. Ensuite il y a la *narratio*, où l'on divise les arguments, mais au lieu de les exposer selon le pour et le contre, comme au tribunal, on « divise les difficultés en autant de parcelles qu'il se pourrait, et qu'il serait requis pour les mieux résoudre. » Troisième moment : on reprend les « bons » arguments dans l'ordre au moment de l'énonciation (*elocutio*), ce qui devient, chez Descartes, le passage des jugements les plus simples aux plus complexes, « en supposant même de l'ordre entre ceux qui ne se précèdent point naturellement les uns les autres ». Et enfin, dans un quatrième temps, celui de la conclusion, on coagule tout ce qui a précédé et on reprend le tout en un épilogue, ici encore vidé de toute rhétorique, puisque pour Descartes il s'agit de « faire partout des dénombrements si entiers et des vertus si générales que je fusse assuré de ne rien omettre. » La rhétorique vient de se voir amputer de tout ce qu'elle avait d'inventif, de productif, de rationnel et d'argumentatif, au profit de la science, analytique et concluante, ce qui ne laissera plus à la rhétorique, après Descartes, que le champ du style et des figures. Gérard Genette parlera de « rhétorique restreinte ».

---

1. Dans la *Deuxième partie. Principales règles de la méthode.*

Alors, si la rhétorique renvoie à la dialectique comme l'envers à l'endroit de la résolution interrogative, en quoi consiste précisément cette rhétorique qui, comme champ, comme empire (Perelman), les englobe aujourd'hui toutes deux ? La rhétorique est la méthode, la *technique* (*technè*) qu'on utilise pour traiter des questions ouvertes, qui ont des probabilités égales, ou à peu près, de conduire vers A et vers non-A. Dès lors, on pourrait penser que la rhétorique est une méthode pour résoudre n'importe quel problème qui se pose en science, alors que chaque science a sa technique propre dans les limites des questions qui sont les siennes. Qu'est-ce qui peut caractériser la rhétorique en propre ? Aristote est clair sur ce point, dès les premières lignes de son ouvrage également. Chacun « connait » et utilise la rhétorique, comme M. Jourdain fait de la prose sans le savoir. La rhétorique n'est par l'art de la persuasion, dit-il, mais la réflexion sur ce qui, *pour chaque question*, est à considérer comme le plus persuasif (1355b 16, repris plus loin au début du chap. 2 du Livre I). De même que « la médecine ne produit pas la santé », mais les moyens de voir comment y veiller, la rhétorique n'engendre pas non plus la persuasion, ce qui, on l'a vu, répond à l'objection de Platon dans le *Gorgias*. « La rhétorique peut être définie, non comme art de la persuasion, mais comme la faculté de discerner *dans toute question* ce qui relève de la production de persuasion ou des moyens d'y parvenir. »[1], ce qui prouve bien que la rhétorique, pour Aristote, porte *sur* l'adéquation d'une réponse à une question particulière, qu'elle permet d'évaluer cette adéquation, en examinant quelle est la réponse la plus probable ou les moyens de la

---

1. E. Cope, *Introduction to Aristotle's Rhetoric* (1867), The University of Michigan Reprints, p. 149.

rendre telle. C'est, comme dit Cope, une application pratique, contingente, à l'image de ce qui y est débattu. Cette nouvelle vision de la rhétorique, qui ne vise donc pas à persuader, mais à étudier comment le persuader fonctionne, échappe à la critique platonicienne énoncée dans le *Gorgias*, où la rhétorique n'a pas d'objet propre possible par rapport aux autres discours, comme la médecine ou le droit par exemple, qui eux aussi veulent persuader et n'ont donc pas besoin de rhétorique, parce qu'ils sont persuasifs par nature ou par destination. Il n'empêche que, cette définition, qui a le mérite de sauver les meubles, pour ainsi dire, va embarrasser les successeurs. Quintilien, par exemple, lui reproche de « limiter l'art à la seule invention, qui sans l'élocution, ne constitue pas le discours »[1]. Or, l'élocution renvoie à la manière de formuler les choses, c'est-à-dire à l'éloquence et au style, dont Aristote semble faire ici, l'économie. D'où la supériorité réclamée de la rhétorique romaine, plus centrée politiquement[2], mais aussi stylistiquement et pas seulement argumentativement. « La fin de la rhétorique est de penser et de parler comme il faut »[3], ce qui débouche sur la célèbre définition que donne Quintilien de la rhétorique : un « *ars bene dicendi* »[4], l'art de bien dire les choses. On verra, en lisant le Livre III de la *Rhétorique* d'Aristote, si on ne rejoint pas de quelque façon cette analyse de la rhétorique comme étant celle de la forme du discours. Cela expliquerait en tout cas pourquoi l'orateur et l'auditoire ne jouent guère de rôle déterminant chez Aristote, car l'enthymème est toujours la formalisation la plus adéquate pour examiner ce qui répond ou ne répond

1. *Institutions Oratoires*, II, 15, 13.
2. *Ibid.*, II, 15, 34.
3. *Ibid.*, II, 15, 37.
4. *Ibid.*, II, 16, 11.

pas, ou seulement de manière limitée et probable à une question, ce que le syllogisme logique, avec toutes ses prémisses explicites ne parvient pas à faire, en exigeant trop de réponses a priori. Certes, dans la vie de tous les jours, on pourrait évidemment jouer avec n'importe quelle proposition pour l'insérer et faire du tout un syllogisme, mais qui agit ainsi?

Qu'en est-il alors des réponses apparemment justes qu'on infère involontairement ou intentionnellement comme le fait le sophiste? « Il est manifeste, dit Aristote, que la rhétorique sert également à découvrir le persuasif vrai *et le persuasif apparent*, tout comme la dialectique, le syllogisme vrai et le syllogisme apparent. »[1] Le sophiste est visé ici, et non la rhétorique qui s'en distingue par l'intention morale, qui est non de tromper, mais de parler juste, d'où le rôle *éthique* de l'*ethos*, de l'orateur, que la fiabilité de son caractère rend crédible. Comme la sophistique joue sur les passions, on ne s'étonnera pas qu'Aristote revienne sur les enthymèmes vrais et apparents à la fin du Livre II où il traite du *pathos*, des passions, et donc de l'auditoire, selon qu'on le manipule ou qu'on lui présente du persuasif authentique.

---

1. *Rhétorique* 1355 b (trad. fr. M. Dufour), Paris, Les Belles Lettres, 1991 ; Paris, Tel-Gallimard, 1998.

CHAPITRE III

TECHNIQUES ET PREUVES
EN ARGUMENTATION : LE CARACTÈRE
CENTRAL DE L'ENTHYMÈME
DANS LA *RHÉTORIQUE*

LES PREUVES, LES ARGUMENTS ET LE PERSUASIF
EN GÉNÉRAL (*PISTIS*)

Aristote entretient à ce sujet deux grandes thèses, qui ne se rencontrent pas forcément, du moins en apparence. En rhétorique, le *logos* peut être centré sur 1) l'*enthymème*, dont on a déjà parlé, qui est une déduction ouverte, ainsi que sur 2) l'*exemple*, ou exemplification (*paradigma*, en grec), qui donne lieu à une généralisation, à une induction (généralement enracinée dans un lieu commun, qui est la base, l'élément, pour conclure à l'existence d'un autre cas particulier). Il estime 1) que l'enthymème est plus approprié à la rhétorique judiciaire, où on argumente le pour et le contre, tandis que l'exemple convient mieux au genre délibératif de la politique, où on se base sur des cas précis pour en tirer des leçons pour l'action future. Reste un dernier procédé : 3) l'amplification, qu'Aristote semble réserver au genre épidictique, à la conversation de tous les jours, où, pour attirer l'attention de l'auditoire, on minimise ou on maximise tel ou tel attribut, tel ou tel fait. Mais ici, il ne retient que les deux premiers procédés, parce qu'il y a du raisonnement : induction et déduction. L'amplification n'est pas un raisonnement. Le cas particulier évoque donc une vérité plus générale, certes, mais surtout un cas particulier nouveau, semblable à d'autres grâce au fait qu'il est une instance d'une vérité plus générale. Si je dis « Napoléon Bonaparte demande à conserver ses troupes d'Italie auprès de lui. Si on accepte cette décision, il est à craindre qu'il n'installe une nouvelle dictature », je fais de l'induction, je suggère la validité d'une loi générale probable, en soulignant que l'unique fait évoqué à propos de Napoléon n'est qu'un exemple parmi d'autres, et que chaque fois qu'il s'est agi de garder des troupes aguerries auprès d'un chef, celui-ci a utilisé cette armée pour instaurer une tyrannie. Napoléon représente donc le même danger que César en son temps, au retour de la guerre des Gaules, avec son armée prête à franchir le Rubicon et à s'emparer de Rome. L'exemple illustre ainsi une loi, une vérité générale qui s'applique à une situation nouvelle, où il sert d'argument pour une conclusion donnée.

Le propre de la rhétorique est de soulever des questions par des propositions factuelles, isolées, qui sont comme les prémisses d'une inférence qui donne la solution. Je puis dire à un ami avec qui je me balade en forêt : « les serpents sont venimeux » pour l'avertir d'un danger qui se précise et se rapproche, mais affirmer cela suppose qu'il y a quelque chose au loin que l'on peut prendre pour un serpent. Il est donc très probable que je vais signaler à mon ami par cette phrase la présence d'un objet qui fait penser à un serpent, ce qui va soulever la question de savoir si c'en est bien un, et de plus, s'il est venimeux. Si mon compagnon passe son chemin comme si de rien n'était, cela prouve qu'il ne pense pas, que 1) *tous* les serpents sont venimeux, ou que 2) l'objet au loin est un serpent. Il reconstruit l'enthymème qui devrait le convaincre de faire attention, et s'il nie la validité de la prémisse-prédicat (« *Tous* les serpents sont venimeux ») ou/et celle de la prémisse-sujet (« *Ceci* est un serpent »), il peut en conclure qu'il n'y a pas de danger à poursuivre son chemin. Mais le plus habituel n'est pas de signaler que *tous* les serpents sont venimeux, ne fût-ce que parce que c'est faux, mais simplement d'indiquer qu'on s'approche de serpents, ce qui, inductivement, rend probable la présence d'un danger. Voilà pourquoi à côté de l'*enthymème*, qui conduit du général au particulier, il y a l'*exemple*, qui part d'une proposition particulière pour conclure inductivement à une autre, avec une loi plus ou moins générale qui rend la conclusion implicite probable.

Un raisonnement comporte, implicitement ou non, deux prémisses. Pour découvrir si c'est un enthymème ou une exemplification qui renvoie à un autre cas particulier, il faut savoir sur quelle prémisse on s'appuie. Mais comme on ne peut pas se passer d'une idée générale sous-jacente, l'exemplification semble se résorber dans l'enthymème. Ceci explique qu'Aristote singularise davantage la rhétorique par l'enthymème, qui, à l'inverse de l'induction, est loin de reproduire le cheminement intellectuel de l'individu, mais présente l'avantage d'exposer ce qui justifie la probabilité et la vraisemblance du raisonnement. Certes, il y a là un serpent qui menace les promeneurs, mais s'il y a effectivement menace, c'est parce que les serpents (en général, même si ce n'est pas en totalité) sont considérés comme venimeux et que, par conséquent, celui que l'on voit est potentiellement dangereux selon toute probabilité. La persuasion repose sur la prémisse implicite qui est qualifiante, définitionnelle, et non sur le fait qui est en lui-même non signifiant, tant qu'il n'est pas rapporté à un ensemble de cas semblables dont la prémisse-prédicat[1] constitue la synthèse. Le problème d'Aristote est la justification des réponses, non leur obtention.

QUELLE EST LA DIFFÉRENCE ENTRE LE SYLLOGISME RHÉTORIQUE OU ENTHYMÈME ET LE SYLLOGISME SCIENTIFIQUE OU LOGIQUE ?

On voit ainsi apparaître la grande différence entre la logique et la rhétorique : le syllogisme dit scientifique explicite les prémisses nécessaires et suffisantes qui engendrent la nécessité de la conclusion, alors que le syllogisme rhétorique (ou enthymème) laisse ces prémisses dans l'implicite, et n'apparaît que la conclusion, qui est donc problématique. Si on en pose une, on laisse la conclusion implicite, au lieu de la spécifier isolément, pour laisser à la charge de l'auditoire de la tirer. De toute façon, la conclusion est toujours susceptible d'être interrogée et remise en question. On ne peut la considérer que comme probable, voire simplement possible, car rien – c'est-à-dire ce qui serait une prémisse vraie et explicite, qui fait ici défaut– n'empêche d'affirmer le contraire. Dans le syllogisme logique ou scientifique, ce sont les prémisses

---

1. On parle de *prémisse-prédicat* et de *prémisse-sujet* car dans les syllogismes déductifs, la première prémisse (ou la seconde) porte sur le sujet, et la seconde (ou la première) caractérise l'attribut en question. « Socrate est mortel », par exemple, porte sur Socrate, tandis que « tous les hommes sont mortels », concerne l'attribut qui s'applique, et c'est la réunion des deux qui donne le syllogisme : Socrate est un homme ; or, tous les hommes sont mortels ; donc, Socrate est mortel ». Ou encore : « les serpents sont venimeux (prémisse-prédicat) ; or, ceci est un serpent (prémisse-sujet) ; donc, « ceci est venimeux ».

qui interdisent cette mise en question. Dans l'exemple ci-dessus, si je dis « tous les serpents sont venimeux, ce que je vois au loin est un serpent », on voit mal comment on pourrait nier que ce dernier est venimeux. Par contre, si je me borne à dire « attention, un serpent ! », ou simplement « les serpents sont venimeux », rien n'empêche d'agir comme si de rien n'était, ce qui revient à refuser la conclusion, donc à nier 1) que *tous* les serpents soient venimeux ou 2) que ce que je vois au loin est bien un serpent. Un syllogisme logique doit préciser ces deux prémisses pour être valide, ce qui empêche ces deux mises en question par après. Ce sont les deux prémisses du syllogisme qui bloquent ces questions en y répondant a priori, stipulant leur réponse, « tous les serpents sont venimeux, ceci est un serpent, donc ceci est venimeux ». Cela exclut toute remise en question de la conclusion, qui est alors apodictiquement vraie. Par contre, le syllogisme rhétorique laisse ouvertes ces deux questions, ces deux négations, rejetées dans le syllogisme logique. Ces prémisses sont donc des « réponses » qui font partie de la structure formelle du syllogisme classique et lui garantissent sa validité. En rhétorique, on peut toujours les ignorer, les laisser implicites, ce qui permet de remettre en question les faits et leur interprétation comme l'inférence qui en est tirée. Si on tait ces prémisses, c'est parce que ce serait fastidieux de les énumérer toutes ou qu'elles sont contestables jusqu'à un certain point. Ce serait donc peu stratégique de les poser explicitement. Après tout, *tous* les serpents ne sont pas venimeux, même si beaucoup le sont et qu'il vaut donc mieux, dans le *doute*, agir comme si tous l'étaient. On comprend mieux maintenant pourquoi le syllogisme du probable, qui est celui de la rhétorique, est incomplet et qu'il laisse de côté une ou deux prémisses, et que s'il n'en spécifie qu'une, c'est qu'il laisse alors la conclusion aux bons soins de l'auditoire. La nécessité de conclure à la nécessité d'une réponse n'existe pas en rhétorique, ce que le propositionnalisme, qui valorise les certitudes qui s'enchaînent, n'aime guère et théorise mal ; d'où le statut ambivalent de la rhétorique depuis toujours. Le problème pour Aristote, c'est que le propositionnalisme est le modèle implicite ou affirmé, de la raison, de la pensée, du *répondre* depuis Platon, et que l'évacuation du problématique comme critère des réponses représente un présupposé paradoxal, un problème qui ne peut même pas *se dire comme tel*.

L'ORATEUR ET L'AUDITOIRE COMME AGENTS ET COMME SOURCES DE L'INFÉRENCE RHÉTORIQUE

Ethos, pathos, logos : l'orateur, l'auditoire, le discours. C'est la base même de toute rhétorique. S'il y a une structure formelle à la rhétorique, comme il y en a une à la logique, comme on l'a vu plus haut, c'est bien ce triptyque *ethos, logos, pathos* ; en gros, soi, le monde (du discours ou le discours du monde), autrui. Ce qui est étonnant dans ce triptyque, c'est qu'il exprime non seulement la relation rhétorique même, mais en donne aussi les éléments, la source des lieux et les thèmes à défendre.

Dans l'*ethos*, il y a l'orateur, son caractère, ses désirs, ses pensées, son rapport passionnel à autrui, qui sont fonction de ce qu'il est. Il y a du *pathos* et du *logos* dans l'*ethos*, comme il y a du *logos* et de l'*ethos* dans le *pathos*. Quand Aristote analyse les passions au Livre II de sa *Rhétorique*, il envisage, certes, la passion en elle-même, ce qui la caractérise en propre, mais aussi *qui* (*ethos*) est plus susceptible de la développer, et à qui elle s'adresse (*pathos*) en propre, ce qui reproduit le triptyque *ethos-logos-pathos* à l'intérieur du *pathos* du champ passionnel et en devient le pivot pour l'analyse. Il y a, rappelons-le, cela aussi au niveau de l'*ethos*. Il y a un *pathos* chez l'orateur, qui est l'émotion qu'il manifeste à son auditoire, comme il y a un *pathos* chez l'auditoire en termes de passions ressenties suite à ce que lui dit l'orateur. Celui-ci, pour convaincre ou plaire, doit veiller d'ailleurs à leur adéquation. Le *logos* rhétorique devient lui aussi spécifique de ce fait même, car on y trouve un *ethos* qui parle, un *logos*, le médium, et un *pathos*, un jeu de passions chez l'orateur mais aussi chez l'auditoire. Il n'y a que le *logos* rhétorique qui se « triptyse » de cette façon. C'est en cela, au fond, que la rhétorique d'Aristote est fascinante. Soudainement, on déborde le discours, sa rationalité habituelle, ses potentialités d'inférence, pour se porter vers l'orateur et l'auditoire. Aristote semble alors ne plus se concentrer sur l'enthymème comme déduction rhétorique, ni sur l'induction comme généralisation avec l'exemple, mais se focalise plutôt sur la persuasion qui se nourrit de ces trois dimensions, l'*ethos*, le *pathos*, et le *logos*. Il n'empêche que les trois se rapportent au discours, puisque la rhétorique procède avant tout du *logos*. « Les preuves qui relèvent du discours sont de trois espèces : les premières ont leur source dans le caractère de l'orateur ; les secondes dans les dispositions de l'auditoire ; les troisièmes, dans le discours même, parce qu'il démontre ou paraît démontrer » (*Rhétorique*, 1356a 1-5). En fait, le *logos* s'enracine dans 1) des lieux de raisonnement formel (c'est le *logos* lui-même qui est formel ici, par exemple en rejetant les contradictions ou en soulignant l'identité définitionnelle, etc.) ; 2) des lieux qui expriment des valeurs, mais aussi les jugements qui en découlent, soutenus par la fiabilité et l'autorité propres à l'orateur, qui doit faire preuve d'exemplarité pour être suivi, écouté, pour que ses réponses puissent simplement être entendues de l'auditoire. « Les orateurs inspirent confiance pour trois raisons, les seules en dehors de la démonstration : la prudence, la vertu et la bienveillance »[1], ce qui signifie que l'orateur est crédible par son *ethos*, son caractère où se réfléchit sa capacité de discernement qui lui vient de ses mœurs et de ses pratiques sociales, c'est-à-dire par ses bonnes dispositions à l'égard d'autrui. Pour faire autorité, l'orateur doit donc allier un jugement sûr, expert, et des vertus qui le disposent à vouloir le bien. Etre vertueux ne suffit pas, car si quelqu'un, par exemple, est sincère et honnête, il peut très bien ne guère se soucier d'épargner l'autre dans des jugements vrais mais critiques et impitoyables, dont l'autre ne se remettra pas. Bref, le vrai, le juste et le bien doivent se combiner chez l'orateur s'il veut être crédible.

Et enfin, il faut que les lieux du jugement soient puisés 3) dans les émotions et les états d'âme de l'auditoire (*pathos*). On va ainsi créer de l'indignation à l'égard du criminel, de l'émulation vis-à-vis de l'homme à qui tout réussit, de la crainte pour l'homme abusif, car derrière ces passions, des valeurs soutiennent la finalité de l'argument.

Les enthymèmes s'appuient sur ces trois types de ressources, que sont les lieux de l'*ethos*, du *pathos* et du *logos* (la forme), pour permettre le passage à une conclusion, même si ce qui a été sélectionné demeure implicite dans l'inférence. De fait, celle-ci relaye des présupposés qui agissent de façon sous-jacente pour qu'il y ait inférence, dont l'enthymème est le condensé. Aristote appelle ces opinions communes (*endoxa*) qui sont des lieux où se

---

1. *Rhétorique* 1378 a 6 (trad. fr. M. Dufour).

retrouvent les interlocuteurs pour trouver leurs arguments. Le mécanisme de la persuasion dévoilé ici est capital, car il ne s'agit pas simplement de puiser dans l'*ethos*, le *logos*, ou le *pathos* pour effectuer son raisonnement, mais de combiner les trois, puisqu'ils sont simultanément à l'œuvre dans la relation orateur-discours-auditoire. La *pistis* ou persuasion opère avec ces trois niveaux. Prenons l'exemple d'une consultation médicale. Je vais chez le médecin avec certains symptômes, fièvre, frissons, difficultés à respirer. Il me dit que je commence une bronchite (ou une grippe), et j'accepte de prendre les médicaments qu'il me prescrit. J'ai confiance en lui, et je fais donc mienne sa conclusion, son diagnostic. Si l'on y regarde bien, le raisonnement que j'ai fait pour être convaincu (*pistis*) est le suivant : « J'ai confiance dans ce médecin dont l'*ethos* (l'expertise) lui permet d'identifier ce dont je souffre en raison de mes symptômes (*logos*), et avec de tels symptômes, je dois *craindre* (*pathos*) des complications, et si je ne les *désire* pas (*pathos*), je dois prendre les médicaments qu'il me prescrit. La *pistis*, la conviction, se distribue ainsi selon l'*ethos*, le *logos*, le *pathos*. C'est moi, *pathos*, l'auditoire, qui tire la conclusion de ce que je dois faire si mon problème est tel ou tel, en l'occurrence de recouvrer la santé. Selon le problème, le *pathos*, l'émotion et ce qu'elle suscite comme plaisir ou comme douleur, comme désir ou comme rejet, me feront conclure différemment, malgré ce que me dit mon interlocuteur, l'*ethos*. Fondamentalement, « la persuasion se produit par la disposition de l'auditoire à éprouver, grâce au discours, une passion. » (*Rhétorique* 1356a 15). C'est le *logos* qui commande l'ensemble. Le processus persuasif se fonde sur lui pour évaluer l'autorité de l'orateur, en l'occurrence, ce qu'il *vaut*. « A connaît la médecine et sait reconnaître les maladies aux symptômes qui se présentent, comme il sait ce qu'il faut prescrire comme médicaments ». Voilà un argument tiré de l'*ethos*. « Or, j'ai tel et tel symptômes qui me font mal et pour lesquels il faut tel médicament pour guérir et ne plus avoir mal ». C'est l'argument, l'inférence, qui relève du *logos*. La causalité est fondée dans la science médicale, et quand le médecin me le précise, je le crois parce que son *ethos* de médecin m'inspire confiance pour adhérer à la vérité de la conclusion. Quant à celle-ci, c'est le *pathos* qui me motive à la tirer, « Craignant la douleur, je vais donc prendre ce médicament » Le *pathos*, c'est métonymiquement la passion (ici la crainte) qu'éprouve l'auditoire et qui lui fait inférer qu'il doit prendre le médicament prescrit. « J'ai mal, or le docteur a dit que devant tel et tel symptômes propres à cette douleur, il y a tel ou tel médicament. Donc, je le prends, de peur de souffrir encore ou même davantage ». Formellement, on a : *Dire A, c'est dire B*, parce que dire qu'on a tel symptôme, c'*est* dire qu'on doit prendre tel médicament (*identité rhétorique*). La réponse A (du médecin) *engendre* (*inférence argumentative*) la réponse B du patient. Les hommes qui ont A prennent B pour guérir. Or, je suis dans le cas A, *donc* je prends B. Ou plus simplement, et on a alors l'économie de prémisses propre à l'enthymème : « J'ai mal à l'estomac, il faut que je prenne la pilule B ». L'art médical est sous-entendu dans une prémisse supplémentaire : A, donc B. Et j'y crois parce que j'ai confiance dans son auteur, mais cette adhésion n'apparaît pas comme telle dans l'*enthymème*, et le fait que j'ai peur de souffrir et d'aller plus mal n'apparaît pas davantage dans B, mais c'est bien la crainte qui me fait tirer la conclusion que je dois prendre ces pilules. Risquons cette conclusion : un enthymème est une relation de propositions, certaines implicites, qui repose sur un rapport interne à l'*ethos*, au *logos* et au *pathos*, destinés à suppléer à l'incomplétude des prémisses, qui, elles, sont présentes dans le syllogisme scientifique.

En conclusion, le passage *ethos-logos-pathos* repose sur l'affirmation qui va de la crédibilité de l'orateur (« Je suis médecin, je sais que vos symptômes sont ceux d'une grippe ») aux raisons de conclure (« Dire que c'est une grippe, c'*est* dire au fond que vous devez prendre le médicament X » ou plus argumentativement, « vous êtes grippé, *donc* prenez X », ce qui est une bonne raison pour le faire). La conviction finale, qui se joue cette fois au niveau du *pathos* se dessine alors comme la conclusion d'un raisonnement non dit (« Il est médecin et fiable, il a vu chez moi une grippe, *donc* je prends le médicament X, car tout un chacun qui a la grippe se soigne ainsi »). Et la *crainte* de ne pas guérir, l'*espoir* d'y arriver, la *douleur* à vaincre, sont autant de mobiles qui me font aller dans le sens de X, une conclusion vraisemblable : c'est le *pathos* qui fait que, plongé dans ces affections, j'accepte et surtout je tire la conclusion qui s'impose.

LA RHÉTORIQUE EST-ELLE SEULEMENT UNE AFFAIRE DE *LOGOS* ? ETHOS ET *PATHOS* SONT-ILS NÉCESSAIRES ?

C'est *la* question qui traverse la *Rhétorique* d'Aristote et la rend parfois ambiguë. Aristote est très clair sur un point : si la rhétorique est une technique, un art, une *technè*, c'est parce que dans l'usage du *logos*, toujours particulier et contextuel, on doit mettre en œuvre une technique adaptée pour exprimer le persuasif dans une situation donnée, dont l'enthymème est emblématique puisqu'il relie *ethos*, *pathos* et *logos*. Le choix de ce qui compte comme crédible parmi tout ce qui peut l'être relève de l'habileté (art ou *technè*) de l'orateur, de même que les états d'âme (*pathè*) qui sont mobilisés grâce à l'habileté technique de l'orateur, tout cela est sinon partagé avec l'auditoire, mais lui est au moins communiqué. Ainsi, la colère est une information utile pour l'auditoire, qui répond ainsi à l'orateur pour lui faire savoir ce qu'il pense de sa manière d'agir. Les états d'âme de l'auditoire, autant que ceux de l'orateur, jouent pleinement dans l'effectuation d'un raisonnement rhétorique. Pour Aristote, cependant, faire un raisonnement sous le coup de l'émotion ne lui confère pas de validité particulière. C'est affaire de situation. Il faut avoir recours à l'enthymème qui met en perspective l'émotionnel grâce à l'inférence qui l'enserre. L'originalité de l'entreprise d'Aristote, dit-il lui-même, tient au fait qu'il se refuse à faire dépendre les moyens de persuasion de l'orateur ou de l'auditoire, mais du *logos*, qui est subordonnant.

Comment prouver cette thèse, alors que la rhétorique, c'est spécifiquement du *logos* ramené à de l'interpersonnel? L'appel à l'orateur et à l'auditoire, à des témoignages, à des croyances, ou à des opinions implicites, sont des preuves « extra-techniques », que tous les prédécesseurs d'Aristote ont été chercher en dehors du *logos* même pour justifier le persuasif, transformant du même coup la rhétorique en quelque chose d'irrationnel, alors que la persuasion, pour Aristote, est un pur produit du *logos*. Le rationnel, qu'Aristote cherche à mettre en lumière dans sa rhétorique, répétons-le, relève du seul *logos*, ce qui ne veut pas dire qu'il n'y a pas d'éléments non rationnels en jeu dans la relation rhétorique, puisqu'il y a du *pathos* et de l'*ethos*, *mais ils sont subordonnés au logos*. En clair, cela signifie qu'on utilise des arguments (*ethos*) et qu'on ne se laisse convaincre (*pathos*) que parce que le *logos* a été bien construit (enthymème). Quand l'*ethos* (l'orateur) ou le *pathos* (l'auditoire) sont *déterminants*, on a alors affaire à une rhétorique irrationnelle ou, si on veut le dire en grec, *illogique*, c'est-à-dire en dehors du *logos*. Celle condamnée par Platon repose sur le *pathos*, c'est-à-dire les passions qui permettent de manipuler l'auditoire, indépendamment de la vérité. Le sophiste défend A ou non-A, c'est selon. Et Aristote ne veut pas penser le *logos* de la sorte et agir comme ses prédécesseurs, ni se voir reprocher ce que Platon critiquait dans la rhétorique. Pourtant, objectera-t-on, on ne peut oublier que la rhétorique, ce n'est pas que du *logos*. C'est une relation toujours interpersonnelle. Elle est ce qui relie l'orateur à un auditoire, fût-il vaste et indéterminé, comme aujourd'hui avec la télévision, qui relaye aussi bien de la politique que de la publicité. La rhétorique, c'est le discours analysé comme une transaction entre différentes personnes, qu'elles soient appelées orateur ou auditoire ou qu'elles investissent cette fonction à tour de rôle, comme dans les dialogues. Il est donc absurde de ne voir dans la rhétorique qu'une affaire de *logos* exclusivement. C'est ce qui explique qu'Aristote défende les deux thèses, contraint et forcé, car il reste convaincu que la seule rhétorique possible est une rhétorique centrée sur le *logos*. Certes, au début de la *Rhétorique*, il ne veut considérer que l'aspect *logos* et la spécificité de l'enthymème pour expliquer le propre de la persuasion, mais ensuite, il se ravise. Il réintroduit l'orateur et l'auditoire, leur attribuant un rôle tout aussi essentiel, faisant du Livre II de la *Rhétorique* le premier traité des passions (*pathè*, d'où *pathos*) en Occident, attribuant à celles-ci un rôle-clé dans l'explication de ce qui persuade et anime un auditoire. Ce revirement représente probablement l'une des grandes ambiguïtés de la *Rhétorique* d'Aristote, voire même, malgré l'originalité de son analyse, son plus grand point faible. Convient-il alors d'opposer la réalité à la norme ? Certains passages le laissent à penser. Aristote critique ceux qui s'appuient sur « la pitié, la colère et autres passions de l'âme » pour convaincre leurs juges (1354a15), mais il n'empêche qu'ils le font, et que c'est rhétoriquement habile de procéder de la sorte dans bien des cas. Bref, la réalité est une chose et la norme, une autre. Et qu'est-ce que la norme ? Ne pas invoquer ce qui est étranger à la question à traiter, ce qui est le cas des émotions qu'on suscite pour s'attirer les bonnes grâces de ses juges, et par « juge », il faut entendre plus qu'une simple fonction judiciaire, mais le rôle de l'auditoire en général, qui juge si l'orateur a bien répondu ou non. En clair, si la rhétorique n'est pas l'art de persuader [1] mais l'étude *de ce qui permet* de persuader, techniquement, seul l'enthymème est persuasif. Il reflète souvent après coup, en la développant, la rationalité du persuasif ou l'y met, même s'il faut y ajouter l'induction, fondée en rhétorique sur l'exemple.

Aussi, la rhétorique ne repose-t-elle pas seulement sur du *logos*, mais également sur le *pathos* et l'*ethos*. Maintenant, on peut se poser la question de savoir comment Aristote aurait pu résoudre cette double injonction, qui semble paradoxale ? Il aurait fallu concevoir la relation rhétorique comme une démarche de *réponse* de la part de l'orateur, où une *question* est objectivement posée au travers de *ce qui* est en question. Mais c'est parce qu'il y a un auditoire qui est intéressé du fait de ses émotions par cette question qu'il la pose ou la prend en considération quand l'orateur la soulève. La relation rhétorique est une relation questionneur-répondant. Une réponse persuasive par le

1. Ce que fait tout le monde et font tous les discours, ce qui rendrait la rhétorique inutile, selon Platon.

logos suppose que le *logos* traduise la différence question-réponse, bref, que l'orateur *réponde* au questionneur. Et ainsi les trois éléments sont liés : la crédibilité, l'autorité de l'orateur, signifie qu'à un moment donné, l'orateur a le dernier mot, qu'il est le répondant en dernier ressort. Il met un terme au questionnement, qui peut théoriquement être infini. Deux exemples pour illustrer ce fait : 1) l'enfant qui demande sans cesse « pourquoi », et 2) le médecin que son patient n'arrête pas d'interroger. L'*ethos* du père comme celui du médecin constituent des points d'arrêts, car on peut toujours poursuivre le questionnement et en principe, la chaîne des réponses attendues de l'orateur est théoriquement sans fin. Reprenons nos exemples. Un enfant demande sans cesse à son père « pourquoi ? » : « pourquoi devons-nous aller à l'école ? », « Pour apprendre » répond le père. « Mais pourquoi apprendre ? » « Pour avoir un métier dans la vie » renchérit le père. « Pourquoi faut-il un métier ? ». Et ainsi de suite. L'*ethos* est au fond un argument d'autorité. L'enfant ne cherche rien d'autre qu'à vérifier si son père a bien l'*ethos* d'un père, c'est-à-dire l'autorité et la sagesse-savoir qui conviennent à cet *ethos*. A un moment donné, on le sait, le père va en avoir assez et va répondre, en colère, « C'est ainsi parce que c'est ainsi ! ». L'enfant va alors se taire, mais étonnamment, il sera satisfait et apaisé, alors même qu'il s'est fait quand même « clouer le bec ». Comment l'expliquer ? Ce qu'attendait l'enfant en réalité, avec tous ses *pourquoi ?* sans fin, ce n'était pas réellement une réponse, mais l'assurance que le répondant, son père, était bien conforme à son *ethos* de père, qu'il était crédible et fiable comme père et qu'il en avait bien l'autorité, tout cela constituant ce qu'on attend d'un père. En mettant un terme à cette interrogation « infinie », ou plus exactement, potentiellement infinie, le père a fait exactement ce que le fils attendait de lui : qu'il fasse preuve d'autorité. L'*ethos*, c'est au fond un argument d'autorité implicite, une prise de parole autorisée qui *sait* répondre et clôturer le questionnement. Et répondre, c'est, de fait, mettre un point d'arrêt à un moment donné à un questionnement.

L'autre exemple que nous avons envisagé est tout aussi éclairant : quand je vais consulter mon médecin, j'attends la même chose, à savoir, *une réponse*. J'attends de lui qu'il me dise ce que j'ai et ce que je dois faire pour me soigner. Je vais l'interroger et lui demander « Êtes-vous bien sûr que c'est cela dont je souffre ? » ou » Ne croyez-vous pas que ces symptômes indiquent autre chose ? » ou encore « Cela pourrait-il être un cancer malgré tout ? », « Êtes-vous sûr qu'il faut opérer ? ». Bref, je désire avoir à un moment donné toutes les réponses qui me calment en clôturant mon questionnement. L'*ethos*, vu l'expertise du médecin, a cette fonction.

Le *pathos*, du même coup, est porteur d'un ensemble de questions plus ou moins révélatrices de la manière dont tous ces problèmes me touchent, dont ils *m'affectent* en tant qu'auditoire, et s'ils ne me touchent que de loin, le *pathos* renvoie alors à la façon dont ils me concernent de façon indirecte tout en suscitant néanmoins mes questions. Les passions affectées par la distance s'affaiblissent à leur tour. Elles se muent en émotions, en sentiments, et à la fin, deviennent de simples jugements, qui ne sont souvent que des opinions, plus ou moins subjectives. Mais même affaiblies, les passions façonnent ou influencent mon jugement et ce qui me fait interroger l'orateur. Partant de là, il faut concevoir le *logos* comme un dispositif qui expriment les questions et les réponses, ne fût-ce qu'en les différenciant par le contexte ou la forme, ce qui suppose forcément un questionneur et un répondant pour identifier cette différence. La forme, grâce au contexte, peut être assouplie, tant qu'on peut identifier ce qui fait question et le différencier de la réponse. La forme doit pour le moins indiquer ce qui fait problème et ce qui ne le fait pas, si le contexte n'y suffit pas. faudrait également reconsidérer l'importance de la distance, car c'est elle qui module les passions pour n'en faire que de simples jugements lorsque la distance est forte. Le *pathos* varie, au point qu'à grande distance, il se confond avec un auditoire impersonnel, un auditoire qu'on pourra alors concevoir, comme Perelman l'a fait, comme auditoire universel, alors qu'à faible distance, le *pathos* est toujours singularisé, identifiable précisément, personnellement même, grâce aux passions qui le traversent, l'affectent et, métonymiquement, singularisent cet auditoire comme tel ou tel, avec sa dominante propre. A courte distance, le *pathos* est ainsi davantage une passion qu'une simple émotion et qu'une opinion. Mais cet aspect-là, c'est-à-dire le rôle de la distance, n'intéresse guère Aristote, pour qui la passion est indifférente à cet aspect des choses. La distance n'est plus que de la différence et le *logos* sert alors à définir l'identité dans un monde commun, qui se cristallise en jugements, en vérités partagées ou simplement présupposées, et la différence, en passions qui sont en fait déjà des réponses à des réponses qui sont apportées par l'orateur. Les lieux communs jouent ce rôle de repérage d'un monde commun. Ils fonctionnent comme des règles connues (comme ne pas se contredire, par exemple), des jugements préalables, connus et partagés dès le départ par les interlocuteurs. On négocie ce qui est problématique en s'appuyant sur ce qui ne l'est pas. Le raisonnement, comme l'enthymème, est ainsi un processus de résolution, ou alors, d'exposition de cette résolution telle qu'on la ressent.

LES LIEUX COMMUNS (*TOPOI*)
ET LES OPINIONS COMMUNES (*ENDOXA*)

Revenons plus précisément aux *topoi*, c'est-à-dire aux lieux communs. Les *topoi* sont à la rhétorique ce que les *endoxa* sont à la dialectique, à savoir des opinions admises par tous, par beaucoup ou par quelques sages qui font autorité et qui sont donc crédibles a priori ou de fait. Cette tripartition dans les opinions les plus crédibles et les plus probables n'est pas sans faire penser à celle de Vico : les dieux, les héros et les hommes. Aristote, dans la *Rhétorique à Alexandre*, introduit une tripartition quelque peu semblable : on s'appuie sur les jugements soutenus par les dieux, par les juges réputés, par des hommes de grande valeur ou par des adversaires[1]. Les *topoi* ne relèvent pas des gens, des personnes, des questionneurs, mais des questions. On passe de la dialectique à la rhétorique. Combien y a-t-il de *topoi*? Aristote en dresse une liste[2] aussi longue et arbitraire que celle que les rhétoriciens après lui, bien plus tard, établiront pour classer les figures de style.

LES VINGT-HUIT *TOPOI* DE LA *RHÉTORIQUE*[3]

Nous reprenons ici la liste qu'Aristote établit en 1397a (*Rhétorique*, Livre II, § 23). Par la suite, nous verrons comment comprendre un catalogue aussi disparate qu'arbitraire.

1. *Rhétorique à Alexandre*, 1422 a25.
2. D'après Sara Rubinelli, il y en a 29. *Ars Topica. The Classical Technique of Constructing Arguments from Aristotle to Cicero*, Springer, p. 209, p. 74-75. Pour Eugène Ryan, dans son livre *Aristotle's Theory of Rhetorical Argumentation*, Montréal, Bellarmin, 1984, il n'y en a que 28.
3. D'après E. Ryan, *theory of Rhetorical Argumentation*, *op.cit.*

1) L'argument des contraires : ce premier lieu consiste à maintenir la cohérence, car si un prédicat contraire aux prédicats déjà admis sur un sujet peut être inféré, alors le discours est contradictoire. Cela signifie aussi que, si les prédicats du discours ne sont pas contradictoires, cela confirme ce qu'on a posé précédemment concernant le sujet.

2) Il faut faire attention à la forme des mots qui conserve l'idée du concept de base. Exemple : si le *juste* n'est pas toujours bon, le fait de faire quelque chose *justement* n'est pas non plus toujours bon.

3) Cette même idée de préserver l'identité cohérente du discours tient aussi à la relation réciproque : si je donne, un autre reçoit. Si je commande, un autre obéit. Si j'achète X, et que c'est accepté, le fait de vendre X doit l'être aussi. Ce n'est évidemment pas toujours le cas, malgré ce que dit Aristote sur le transfert prédicatif de « il est juste que… » ; pensons à l'exemple de la prostitution, où « l'acheteur » peut être accusé en justice, mais pas la prostituée. Un autre problème qui se pose avec l'argument de réciprocité est ce que les Anglo-Saxons appellent la « *fallacy of the consequent* », très fréquent dans les raisonnements quotidiens, qui consiste à inverser le sujet et le prédicat comme si c'était un bon argument pour justifier une identité, qui est en réalité fallacieuse. Tout affirmation réciproque n'est pas vraie : un célèbre astrologue a prédit que 2020 serait une mauvaise année pour tout le monde ; or, comme c'est juste, c'est une personne fiable. Ce qu'évoque ce *topos* est qu'en raisonnant argumentativement, on cherche à préserver l'identité, parfois au prix d'erreurs de raisonnement.

4) Après le =, on a le + et le –. C'est un *topos* important. C'est ce qu'on appelle l'argument *a fortiori*. Exemple : qui peut le plus peut le moins. Autre exemple : si même les dieux ignorent ce qui est sage, les hommes, qui sont moins que les dieux, doivent l'ignorer aussi. Dans ce *topos*, parmi tous les x, il y a des y qui partagent le même prédicat z, d'où le *topos* de l'*a fortiori*. Les *topoï* qui précèdent jouaient soit sur les x (le sujet) soit sur les y (le prédicat).

5) Le *topos* du temps : si A est vrai en t, cesse-t-il de l'être parce qu'on est en $t+1$? On a affaire à la question « Qu'est-ce qui change ? »qui peut affecter l'identité. Ici, on l'invoque pour justifier qu'une promesse, par exemple, doit toujours être tenue, malgré ce qui change depuis qu'elle a été faite

6) Le *topos* de l'*ad hominem* : « Vous me dites partial, mais en disant cela ne l'êtes-vous pas vous-même ? ». Ou alors : « Si vous n'avez pas trahi, pourquoi le ferais-je moi ? » C'est plus positif.

7) Le *topos* qui joue sur les définitions.

8) Le *topos* qui joue sur les différents sens d'un terme.

9) Le *topos* qui procède par division : dire A, c'est dire B, C, D, et E. Si on ne peut pas dire B, ni C, ni D, soit il reste E, soit on doit aussi exclure E.

10) Le *topos* de l'induction : on ne va pas confier nos bateaux aux chantiers navals qui les ont mal entretenus. Ce ne sera pas mieux la prochaine fois. C'est la division à l'envers : E, D, C, ont la même propriété A, donc si B l'a aussi, il faut éviter la confiance.

11) Le *topos* de l'autorité : on passe du *logos* à l'*ethos*. L'avis des anciens, des gens vertueux, des chefs

aussi malheureusement, est souvent non opposable. On peut donc conclure qu'ils ont raison. C'est là encore une forme de séquentialité qui incite à conclure et ce faisant, à exclure les contraires, à départager ce qui nous ramène à la définition d'une réponse en rhétorique. Une réponse contraire est toujours *logiquement* possible. Le but de l'argumentation est de pouvoir choisir d'une façon justifiable et justifiée une réponse.

12) Le *topos* de la sommation : il a honoré le temple, alors quels dieux ou quel Etat n'a-t-il pas honoré de ce fait ? Chaque fois, il y a une question, une alternative et le *topos* permet de trancher, c'est un *résolutoire*.

13) Le *topos* des conséquences contradictoires, en l'occurrence A et non-A. Ce *topos* est très utile quand il s'agit de conseiller ou déconseiller quelqu'un. Le problème est que dans la suite des conséquences, on a du positif et du négatif, ce qui, pour la délibération politique, entraîne l'affrontement, mais aussi le recours au possible et à ce qui est le plus utile. Un exemple : avoir beaucoup de savoir rend sage, mais suscite aussi de l'envie. Alors, est-ce bien ou non d'être fort instruit ?

14) Ce *topos* poursuit la réflexion du précédent : ce sont deux questions qui ne peuvent se résoudre sans contradiction dès le départ. Si tu défends ce qui est juste, des hommes te haïront, dit Aristote, mais si tu ne le fais pas, ce sont les dieux qui te rejetteront. Soyons donc attentifs aux questions dont on ne sort pas vainqueur, et pour lesquelles des nuances et des jeux de différence s'imposent. L'argument portera alors sur les questions elles-mêmes.

15) Ce *topos* est celui des réponses cachées. Derrière une affirmation se cache une autre, à savoir « ce que l'orateur voulait dire ». Ce sont souvent de nobles sentiments qui en couvrent d'autres qui le sont moins. Alors, pour démasquer la manœuvre, on a recours au paradoxe et les contradictions ne peuvent manquer de surgir. « Il est juste de faire la retraite à points, mais comme il faut rétablir des valeurs de retraites différentes pour chaque profession, cela revient à donner ici et là plus ou moins de points ». L'égalité est donc un leurre, formel dans ce cas-ci.

16) *Topos* de l'analogie. Elle est parfois intenable, et on peut réfuter le propos grâce à une analogie comme le renforcer par cette exemplification choisie. Un exemple est en un certain sens une analogie. « Vos citoyens sont des mercenaires car ils représentent la Cité (la patrie), alors s'ils fautent, vous devrez les bannir, comme de vulgaires mercenaires (alors qu'on ne bannit pas ses propres citoyens). Ou autre thèse : vous devrez les bannir s'ils se rendent coupables d'actes honteux, et tant pis s'ils sont des citoyens comme les autres.

17) *Topos* de la causalité : si on a deux conséquents contradictoires, cela signifie qu'à la base A qui entraîne B et non-B est aussi valide que non-A. On peut aussi avoir A et non-A pour une même conséquence, B, donc on aura aussi non-B. Il faut choisir ce qui est le plus utile, dit Aristote. *Exemple* : offrir la terre et l'eau, c'est agir en esclave, mais faire ce qu'il faut, c'est renforcer l'intérêt commun. Alors, que faire ? Ce sont des alternatives piégées, en 16 comme en 17. Il faut les débusquer par l'usage

de la causalité qui y conduit. Le *topos* sert à faire son chemin dans les contraires et à voir comment choisir une *réponse*, c'est-à-dire ce qui permet d'éliminer toute alternative. D'où la définition à retenir du *topos* : c'est un *déproblématiseur*, puisque le *topos* contient une alternative.

18) Le *topos* du changement d'avis face aux alternatives qui surgissent.

19) Le *topos* du vrai motif : derrière le choix de A, en fait, il y a une autre fin, B.

20) Le *topos* de ce qui empêche ou incite à agir, l'évitement ou le rapprochement, selon les critères de l'utile et du possible propres à la délibération.

21) Le *topos a contrario* : l'invraisemblance d'un fait est contredite par sa réalité. Et la probabilité forte d'un fait ne suffit pas à lui donner du crédit.

22) *Topos* de la réfutation : la division des questions où il y a désaccord. On les examine une par une pour repérer les incohérences.

23) *Topos* de la suspicion : on recherche ce qui a provoqué cette suspicion, qui en devient un malentendu, et on le dissipe grâce à ce *topos*.

24) *Topos* de l'existence par la cause. Si A est une cause de B, B sera considéré comme existant. Et réciproquement, rien n'est sans raison.

25) *Topos* du préférable ou du meilleur choix.

26) *Topos* de l'alternative : si A, donc B, mais si non-A, alors pas de B.

27) *Topos* des erreurs factuelles, dans les accusations et les défenses.

28) *Topos* du jeu sur les mots : « tu n'es pas un homme, mais un dieu ».

Quel est le lien entre tous ces *topoï* dans une liste aussi disparate, sans parler de leur choix ? Entre règles d'inférence sur l'élimination des contraires et la prise en considération des fins ou des causes de l'action, la mise en évidence des préférences et du changement d'avis vu les conséquences alternatives, il y a un flou sur la notion de *topos* dans ces vingt-huit cas. Il y a quand même une clé qui semble se dégagrer de l'unité de la liste des *topoï*, dans les *Topiques* comme dans la *Rhétorique* : c'est la rupture d'identité. « S est P » = le sujet *est* le prédicat = Socrate *est* un homme. Le mot *est* ne traduit pas forcément une identité forte, mais peut exprimer de la ressemblance, une appartenance à une classe d'entités, de l'analogie, du plus ou du moins. Dans les *Topiques*, l'accent est mis sur ce qui crée des identités internes, comme le genre, l'espèce, l'essence la définition, qui font que S est P ne signifie pas forcément que si on a P, on a S, sauf dans le cas de la définition, de ce qui est propre, voire essentiel. Dans la *Rhétorique*, on retrouve les quatre opérateurs fondamentaux =, +, ±, – qui régissent les *topoï*. On a ainsi l'identité, avec la répétition, l'analogie et toutes les variations de l'=, comme la similitude. On a les requalifications des motifs, des fins, etc., disant ± la même chose. On a ensuite les ajouts, comme l'inférence causale, c'est-à-dire les réponses +. Et enfin la négation, comme dans la preuve par l'absurde.

Un *topos* est un réservoir d'arguments qui permettent de passer du hors-question au en-question, c'est-à-dire à la réponse. Le *topos* assure donc l'inférence face au nombre de réponses préalables qu'on peut mobiliser. Il se nourrit du *logos* pour les règles d'inférence, du *pathos* pour ce qui concerne la meilleure délibération possible, la plus utile pour orienter l'action, et enfin de l'*ethos*, pour jouer sur les motivations et les intentions réelles de celui qui conduit le raisonnement.

Ensuite, Aristote poursuit son analyse avec les enthymèmes apparents, c'est-à-dire les sophismes et autres raisonnements fallacieux.

Un enthymème apparent – Aristote en identifie neuf – ressemble à un enthymème juste, si ce n'est que la conclusion ne peut être correcte du fait de cet enthymème.

1) Le raisonnement ressemble à un enthymème par la forme, mais n'en est pas un, du fait qu'on ne fait pas vraiment une inférence, qu'on télescope les prémisses et la conclusion à laquelle on voulait arriver de toute façon, et qui est fausse. C'est souvent dû au jeu sur les mots, dont on détourne le sens premier par homonymie. Exemple : « le taureau est un animal supérieur, puisqu'il est une divinité dans certains cultes ». Mauvais argument, bien sûr.

2) Deuxième *topos*, diviser ce qui ne faisait qu'un, et inversement. On ne peut appliquer au tout ce qui ne vaut que pour la partie, et réciproquement. Les jugements de généralisation sont toujours hasardeux. « Si on connaît les lettres, on connaît les mots » est faux. En réalité, ce « lieu apparent » est l'envers de l'argument *a fortiori*. Aristote ne nous dit pas quand l'un est valable et l'autre, non, celui-ci en l'occurrence, ne l'est pas.

3) Lieu apparent de l'exagération : on passe de la quantité à la qualité. L'exagération n'est pas une démonstration, mais l'amplification est bien utile en rhétorique, mais alors on n'a pas affaire à du raisonnement.

4) Le raisonnement par le signe ou l'indice. Ce n'est pas une preuve.

5) Le raisonnement à partir de ce qui est accidentel : on peut inverser la conclusion. « Jean est un voleur, ce qui ne m'étonne pas vu qu'il est méchant ». Mais

fallacy of the consequent oblige, tout méchant n'est pas un voleur, donc l'inférence est spécieuse.

6) D'une manière générale, il faut être attentif à la conclusion. On conclut vite de cas semblables des règles générales et, en retour, on les applique à des cas particuliers. « Vivre seul est un acte de courage et de liberté » car Hercule était dans le cas, mais mon voisin qui vit seul, n'est pas un être courageux, ni très libre.

7) Erreur sur la cause : *post hoc propter hoc*. Exemple : « Chaque fois que je vois des pigeons s'envoler, il pleut ». En réalité, ils n'aiment pas la pluie et s'envolent, mais ce n'est pas eux qui provoquent la pluie.

8) Un *topos* très courant pour des raisonnements apparemment vrais consiste à raturer les questions, alors que l'argumentation, à l'inverse de la rhétorique au sens strict (discours plaisant, littéraire, stylisé), s'appuie expressément sur elles. Le *quand* et le *comment* raturés sont source de bien de sophismes, nous dit Aristote. Exemple : « Frapper est illégitime ». Sauf si c'est pour se défendre. Autre exemple : « Il a vaincu, donc c'est un grand homme », sauf s'il a tué des milliers de gens pour y parvenir.

9) Le dernier *topos* est celui de la fausse induction tirée d'un cas précis, qui ne vaut pas pour tous. Exemple : « La poule aime son maître qui vient la voir tous les jours pour la nourrir », sauf qu'un jour, le maître vient pour lui couper le cou.

Les lieux apparents ne traitent pas les questions, les alternatives comme telles, mais les écrasent, les rassemblent, mélangent et confondent ce qui ne doit pas l'être : les causes et les effets, les cas particuliers et la règle générale, les sens différents d'un même mot, etc. En rhétorique non argumentative, cela peut passer, puisqu'on avale les questions, mais pas en argumentation où, je l'ai dit, les questions sont sur la table et explicites.

Les *topoi*, on l'a dit, sont structurés par quatre opérations [1] : le =, le +, le ±, le –, ou si l'on préfère, l'identité, l'ajout, la ressemblance, la négation (ou diminution), ce qui fait que si l'on n'est plus dans l'argumentation mais en rhétorique pure, on parlera d'amplification, ou d'euphémisme et de réduction, et enfin de négation (les contraires servent à la réduction par l'absurde). Les *topoi* ne sont pas seulement des règles d'inférence mais aussi des contenus, de multiples vérités, souvent indéfinies en nombre et en teneur, qui vont de la maxime au jugement spécifique, mais que l'on partage en principe comme des évidences sur les questions que l'on traite et qui mettent formellement en œuvre ces opérateurs.

Les *topoi* sont-ils des règles d'inférence et des réponses préalables, dont le contenu est mobilisable pour chaque inférence, parce que ces réponses constituent un vaste stock de savoir préalable ? Ces deux visions semblent difficiles à harmoniser, à moins de considérer que l'enthymème, comme son étymologie l'indique, ne puise en lui ses ressources d'inférence, ce qui implique que les modes et les règles de déduction font partie des lieux où puiser ce qui permet d'atteindre la conclusion. Ainsi, pour ne prendre qu'un exemple, le souci de jouer sur les contraires, pour les éliminer et échapper à toute contradiction, relève du lieu commun de toute déduction, au même titre que le sont les réponses précises disponibles à propos de

---

1. Ce que confirme S. Rubinelli, *Ars Topica*, p. 73.

la question à traiter. Au fond, un lieu commun est un déproblématiseur qui se nourrit de l'*ethos*, du *pathos* et du *logos*, une réponse qui permet de décider de la réponse la plus vraisemblable, ou d'arriver à la trouver.

Mais pour pouvoir soutenir explicitement la vision défendue ici, qui est centrée sur l'interprétation problématologique de ce qu'est un *topos*, il aurait fallu qu'Aristote pensât la complémentarité de l'*ethos* et du *pathos* comme étant celle d'un questionneur et d'un répondant, et non comme une source autonome de moyens et de lieux où puiser du persuasif, indépendamment l'un de l'autre. Et il aurait sûrement fallu ne pas faire du *logos* la seule clé de l'édifice rhétorique, en tout cas la seule qui compte. Mais une question fondamentale demeure présente à l'esprit quand on lit la *Rhétorique. D'où vient le fait que l'enthymème, pur effet du logos, est l'instrument du persuasif par nature ?* Qu'est-ce qui fait que la rhétorique devient enthymème, argumentation, et que la solution à la question du persuasif repose sur lui ? Bref, comment se déroule cette opération qui pousse l'auditoire à se demander quel est l'argument et s'il est valable ? Pour répondre à cette interrogation qui, clairement, est au cœur de toute rhétorique, parce qu'elle est celle de l'auditoire, il importe de voir ce qui se noue dans l'enthymème pour que la question du persuasif y soit impliquée de façon aussi étroite.

INDUCTION ET ENTHYMÈME : LES DEUX FACETTES DE L'INFÉRENCE RHÉTORIQUE. COMMENT ON PART DU PARTICULIER OU COMMENT ON Y ABOUTIT

Pourquoi l'inférence rhétorique est-elle double ? Malgré l'importance capitale de l'enthymème, il y a le rôle que joue l'exemplification, qui est l'autre base de l'inférence rhétorique. Pourquoi ? On pourrait se dire qu'il n'y a en fin de compte que deux formes de raisonnement : soit on part du particulier, soit on part du général. Une proposition particulière conduit à une autre (par analogie, par exemple), qui en est la conclusion, mais on aurait pu procéder de façon inverse en s'appuyant directement sur une proposition plus générale pour arriver à cette même conclusion particulière. Pour qu'un exemple soit un exemple de quoi que ce soit, il faut bien présupposer une forme d'identité qui les subsume, ce qui renvoie à une proposition générale qui regroupe les cas semblables qui institue cette relation de similitude. Mais qui dit loi générale dit enthymème. En fait, la question est de savoir si on part d'une prémisse générale, ou si on s'appuie sur une répétition qui y fait penser et dont on peut alors faire l'économie, sauf à vouloir l'expliciter pour transformer l'induction en déduction. Aristote clairement privilégie le rôle essentiel et fondateur de celle-ci, malgré l'invocation d'exemples en rhétorique. Stuart Mill fera l'inverse, en bon empiriste, ramenant tout raisonnement à une induction première. Mais revenons à Aristote et à l'exemple de Socrate. « Socrate est malade, parce qu'il a le visage écarlate comme l'est mon voisin qui a la grippe ». En effet, pour conclure, je m'appuie sur l'idée que le visage écarlate est signe de fièvre. Je peux envisager alors une vérité plus large, et en déduire : « Socrate a le visage très rouge parce que les hommes dans sa situation sont bien souvent malades ». Cette idée générale est le fruit d'une exemplification de cas similaires illustrant une vérité générale dont elle est le produit. C'est une induction, et beaucoup de prémisses implicites d'un enthymème ont été établies de la sorte. On voit donc bien que, même dans l'induction, on retombe sur un enthymème, ce qui en vérifie, pour Aristote, la centralité[1]. L'enthymème rend explicite le persuasif (*pistis*) : « Socrate a le visage écarlate, donc il a de la fièvre » car le signe de la fièvre est le visage rouge. Mais comment le sait-on, si ce n'est parce que des exemples multiples se sont présentés et ont permis de conclure que le signe de la fièvre est le fait d'avoir un visage écarlate ? La prémisse qui l'affirme est le présupposé de l'enthymème et l'exemple n'a pas de valeur si on ne peut affirmer cette prémisse comme présupposé implicite. Un exemple ne « prouve » rien sans l'affirmation d'un lieu, d'un *topos* général qui est celui qui doit sous-tendre l'enthymème. Celui-ci est donc déjà sous-jacent dans l'exemple. D'ailleurs, comment reconnaître dans tous les cas particuliers, à titre d'exemple, un cas *particulier* de quelque chose qui forcément particularise quelque chose de général ? D'où vient l'idée des similitudes ? Forcément de la reconnaissance d'un principe implicite qui n'est pas particulier. César, par exemple, veut garder ses troupes auprès de lui, comme tous ceux qui sont devenus des dictateurs, ce qui « prouve » ou suggère qu'il cherche à le devenir, parce que les dictateurs ne peuvent s'imposer sans une garde prétorienne qui leur permet de prendre le pouvoir (enthymème). Aristote le précise bien dans sa définition de la rhétorique : celle-ci, à l'inverse de la dialectique, traite de cas particuliers. De là, on remonte à un principe général qui permet une conclusion vraisemblable, c'est-à-dire opposable, non nécessaire, *problématique* si l'on adopte la terminologie contemporaine. Induction, donc exemple (*paradeigma*), et déduction, donc enthymème en rhétorique. L'enthymème ressemblerait au syllogisme strict, s'il ne reposait pas sur de la vraisemblance, incarnée

---

1. *Rhétorique* 1394a 10-15.

dans les probabilités (*eikota*, de *eikos*) et les signes (*semeia*, de *semeios*, d'où le mot de sémiologie). Ce sont les signes qui se prêtent soit à induction, permettant d'aller du particulier au général, soit à déduction. Pour que l'enthymème puisse être différencié du syllogisme strict, scientifique, apodictique, il faut que le signe soit signe d'une réalité problématique, non d'une vérité nécessaire. Mais il y a évidemment des signes qui impliquent une conclusion nécessaire, non questionnable, Aristote l'appelle un *tekmerion* : une femme qui allaite, par exemple, est un signe indiscutable qu'elle a été enceinte [1]. Seul le vraisemblable, le probable, est l'objet formel de l'enthymème. Pour reprendre notre exemple « les serpents sont venimeux », c'est probable qu'il en aille ainsi, car ils le sont généralement, même s'il y en aussi d'inoffensifs. Dans le doute, il vaut mieux passer son chemin. En ce qui concerne cette fois l'induction, donc, en rhétorique, surtout pour le genre délibératif, politique, où le recours à l'exemple est une technique préférable, il faut que l'exemple soit déjà le signe d'autre chose, afin de rendre l'induction possible. Le *tekmerion* est le signe qui renvoie nécessairement à une vérité plus générale, et dans l'exemple cité également plus haut, on voit bien que le fait de garder auprès de soi les troupes qu'on a emmenées à la guerre est selon toute probabilité un mauvais signe pour la suite des événements. C'est le lien formel de renvoi que l'exemple illustre et que l'inférence inductive sollicite en rhétorique.

Vu tout ce qui a été dit sur la prégnance de l'enthymème en rhétorique, il convient de se demander si la vraie différence entre l'enthymème et l'exemplification, inférence tous deux, ne réside pas plutôt dans le type de proposition

---

1. *Rhétorique* 1357b18.

que livre l'orateur. S'il me dit : « Les serpents sont venimeux », encore faut-il que je puisse ajouter, pour justifier le fait que je change de route, que ceci est bien un serpent et non une corde enroulée. En termes d'*ethos*, je dois *croire* que mon ami a bien reconnu et des *serpents* et des êtres *venimeux*. Je dois donc les *craindre* pour que je me dise qu'il faut absolument changer d'itinéraire. C'est le *pathos*, l'émotion de peur, ressentie par l'auditoire, qui *fait cet* auditoire-là en particulier, qui le définit *singulièrement* et qui oriente la conclusion particulière à tirer. On peut imaginer une autre intervention, avec simplement la phrase « Ce que je vois au loin est un serpent ». Avec cette proposition factuelle et individuelle – on est dans la rhétorique – que le serpent est un *exemple* de danger qui suscite la peur. D'une manière générale, il faut craindre les serpents, car chaque fois que j'en ai rencontrés ou qu'on m'a parlé d'eux, il s'est avéré qu'ils étaient venimeux. Donc, il faut s'en méfier. Cet exemple montre bien que la différence entre partir du particulier ou partir du général, pour avoir un sens, doit se ramener au rôle que joue l'un ou l'autre en tant que prémisse d'un raisonnement rhétorique, c'est-à-dire incomplet formellement.

LA FORME COMMUNE À LA RHÉTORIQUE COMME INFÉRENCE ET À LA RHÉTORIQUE COMME FIGURATIVITÉ : COMMENT ARISTOTE LA PERÇOIT-IL ?

L'orateur qui s'exprime enchaîne réponse sur réponse. Pourquoi des réponses ? S'il ne soulève pas une question pour l'auditoire, ce discours tombe à plat, il ne répond à rien, et ne s'adresse pas aux problèmes de l'auditoire. De ce fait, pour qu'il y ait rhétorique, il faut que le discours porte sur une question qu'il soulève ou à laquelle il répond, qui « intéresse » l'auditoire, le passionne, au sens où il est affecté et touché par ce discours et son auteur. L'auditoire est alors confronté à la question de savoir ce qui est en *question*, ce qui fait *question*, et aussi ce qui justifie qu'on s'adresse à lui plutôt qu'à quelqu'un d'autre, et cela selon une manière qui est un style, une forme, qui « habille » le répondre pour le rendre plus éloquent et plus persuasif, moins problématique, en étant, par exemple, plus plaisant et plus frappant, donc, aux yeux de l'orateur, plus juste dans ce qu'il prétend.

« Dire A, c'est dire B » : telle est la forme fondamentale de toute rhétorique. Celle-ci est, dit Aristote, naturelle chez chacun de nous et ne nécessite pas de connaissance spécifique dont les hommes devraient disposer. Chacun de nous est apte à parler, à s'exprimer, à évaluer, à critiquer, à s'émouvoir, comme à rejeter ce qui ne lui convient pas ou à donner son assentiment à ce qui lui plaît. Mais pourquoi l'enthymème est-il au cœur de ce « savoir » propre à tout un chacun ? Voilà la vraie question qui se profile dès le premier abord de la *Rhétorique* d'Aristote. Les hommes parlent, énoncent ce qu'ils croient être vrai, mais qu'il faut toujours pouvoir évaluer. Il faut être sûr que ce sont de bonnes réponses, que ce dont il est question est conforté – ou critiquable – au fur et à mesure qu'on dit A, B, C, … Dire A, c'est dire B, c'est dire C, etc. A-t-on affaire à la même question, ou alors à des sous-questions qui divisent le problème en autant de parties ? Pour savoir ce à quoi on s'engage, dans un argument en tout cas, il faut pouvoir déterminer *ce que* « dire A, c'est dire B » suppose ou implique quant à la relation entre A et B eux-mêmes, (les guillemets dans « dire A, c'est dire B » sont utilisés pour spécifier qu'on a affaire à un *dire* de A et à un *dire* de B et non à A et à B eux-mêmes qu'on relierait par une identité de la référence). Est-ce que cela signifie que A aussi implique B, ou que B conduit à A, ou alors que A est conçu en quelque façon, comme *étant* B ? C'est la question de l'enthymème : s'il est persuasif, alors le fait que dire A soit dire B, implique que A est la raison de B, ou B la raison de A, ou, pour éviter d'avoir à résoudre la question, ce que permet la rhétorique, que les deux sont « identiques » *figurativement* parlant. Ce qui différencie l'argumentation de la rhétorique pure ou *stricto sensu*, c'est que « dire A, c'est dire B » est un mode économique de parler, parce qu'on se dispense ainsi d'avoir à chercher le lien entre A et B eux-mêmes. L'argumentation l'établit, la rhétorique *stricto sensu* s'en passe et laisse les choses en l'état, avalant la question de ce lien.

L'affirmation selon laquelle « dire A, c'est dire B » est *persuasive* implique que A est la raison de B ou B, celle de A. En clair, en disant « B », on peut conclure B, ou A, comme impliquant B à partir de A ou A à partir de B. La relation enthymématique pose la question, en dernière analyse, de savoir si « dire A, c'est dire B », veut dire que de A (B), on peut tirer B (A), par exemple. Dire A, c'*est* donc dire B : dire qu'il fait froid, c'*est* dire (ou suggérer) de mettre son manteau, et si on met son manteau, c'est *signe* qu'il fait froid, même si ce n'est pas l'explication du froid. C'est l'inverse qui est vraie. Dire qu'il *est* une heure, c'*est* dire qu'il est temps de passer à table, comme dire que Socrate a le visage écarlate, c'*est* dire ou impliquer qu'il est malade plutôt qu'ivre ou en colère. Dire qu'il est une heure, c'est sous-entendre, ou même impliquer, qu'il faut passer à table, mais on peut l'entendre aussi bien comme une identité figurative, car A *n'*est *pas* B littéralement parlant. La figurativité délittéralise la relation AB, ce qui permet de faire l'économie d'avoir à chercher ce qu'il en est de leur relation effective dans la réalité. « A est B » :

« Socrate a le visage écarlate, il *est* fiévreux », et dire l'un, c'est dire l'autre, même si, dans ce cas-ci, dire la première proposition est la *raison* pour dire (conclure) l'autre. On peut traduire ce dire en une implication si on veut passer de la rhétorique pure ou *stricto sensu* (comme langage figuré) à l'argumentation : « il est une heure, *donc* passons à table » ou encore « il fait froid, *donc* mets ton manteau ». On a alors chaque fois un argument en A pour dire et faire B. Bref, en rhétorique, on peut faire l'économie de déterminer la nature de la relation AB, pour se contenter de les relier par une seule proposition, « A est B », parce que A *est* B, mais figurativement. Comme on peut aussi mettre en avant la relation de causalité ou de fondement, « A, donc B », pour y mettre de l'inférence *argumentative*, surtout si la question devient plus problématique, comme par exemple, avec un enfant qui n'écoute pas son père qui lui suggère de mettre son manteau pour aller à l'école : « Mais il fait froid, voilà pourquoi il faut mettre ton manteau ! ». A est une raison pour *dire* B. La première proposition implique la seconde causalement. Le visage rougi de Socrate n'est pas la raison de sa maladie, mais le *signe*, l'indice, *pour conclure* qu'il n'est pas en bonne forme, ce qui est différent. Pas plus que l'heure que l'on mentionne ne constitue la cause du repas, il n'en est pas moins la raison qu'on donne pour passer à table à ce moment, un moment socialement convenu et conventionnel (*topos*). Bref, si « dire A, c'est dire B », équivaut bien à « A » donc « B », en tant qu'*affirmations*, cela n'implique pas que A implique B *dans les faits*. C'est ce qui fait que la question du lien ontologique se pose : César garde ses armées après avoir conquis la Gaule, on peut donc en conclure qu'à l'instar de beaucoup de dictateurs, il va prendre le pouvoir et imposer sa volonté personnelle. Il y a là un signe, une raison pour agir et s'opposer à sa décision, mais ce n'est pas le fait de garder son armée auprès de soi qui est la cause ou la raison du coup d'Etat. A l'inverse, on peut considérer que le temps froid est la cause qui me pousse à mettre un manteau, alors que mon visage rouge ne saurait être la cause ni l'explication de ma maladie, si j'en ai une (j'ai peut-être trop bu ou été trop au soleil). Il faut donc se demander si le fait de dire B parce que l'on dit A, est causal ou simplement basé sur des signes pour affirmer quelque chose. Le discours est d'autant plus *persuasif* qu'il renvoie à une causalité réelle, sous-jacente, à inférer, même si elle ne laisse place qu'à peu de doutes. « Il neige, donc il fait froid » est juste, parce qu'on voit mal la neige tomber, et a fortiori tenir, s'il ne fait pas froid. Cela relève d'un savoir préalable sur le climat. Par contre, la couleur du visage de Socrate n'est qu'un signe possible, et ici probable – il ne boit pas, ni ne s'expose au soleil–, du fait qu'il est malade. D'où le rôle des *topoi* ou lieux communs, qui sont autant de vérités partagées qui permettent d'aller vers une conclusion (convaincante) : « il est une heure, donc allons manger » est un raisonnement qui repose sur le lieu commun qu'on mange habituellement à une telle heure dans nos sociétés contemporaines occidentales. De même, le froid est un argument pour mettre un manteau, si l'on admet qu'il est préférable de prendre soin de sa santé (*topos*), ce qui est admis par la plupart d'entre nous (les autres aiment le risque). *Ce qui permet de définir les topoi ou lieux communs chez Aristote comme étant ce qui va orienter la pensée dans un sens A plutôt que non-A (ou l'inverse, bien sûr).* Ce peut être une règle d'inférence (comme « ne pas se contredire ») une vérité d'évidence (« la santé est préférable à la maladie »), ou un jugement spécifique sur une question donnée et que partagent les interlocuteurs. Tout dépend, là encore, du type de problématicité associée au *topos*.

Une chose est sûre : on n'est pas *obligé* de conclure. On ne *doit* pas même mettre son manteau, pas plus qu'on ne *doit* se méfier de César, et pas plus qu'on ne *doit* estimer que Socrate est malade, parce qu'il a le visage rougi. Si la conclusion déplaît, heurte, afflige, dérange, parce que, par exemple, on ne se soucie pas du sort de Socrate ou qu'on est partisan de César, on se refusera de conclure comme on l'a fait. Le *pathos* est bien dominé par les émotions, ce qui va de ses intérêts à ses préjugés, de sa volonté d'agir (ou de ne pas agir) au jugement sur ce qui est bien ou mal par ailleurs.

> La persuasion est produite par la disposition des auditeurs quand le discours les amène à éprouver une passion, car l'on ne rend pas les mêmes jugements de la même façon selon que l'on ressent peine ou plaisir, amitié ou haine. [1]

Tout ceci explique à la fois le rôle prépondérant que joue l'enthymème dans la rhétorique d'Aristote (dire A, c'est dire B, parce que A et B sont liés, ce qui pose *ipso facto* la question de ce lien AB) et les passions, qui font qu'on *répond* ou non à la question du sens du lien entre A et B, fût-ce pour le contester.

La rhétorique pure, la figurativité, est une technique très utile pour faire l'économie de l'examen de la causalité entre A et B eux-mêmes. On affirme un lien discursif, sans aller plus avant, on ne fouille pas, on n'articule pas. On est vraiment dans un répondre qui avale le problématique, et c'est pour cette raison que, pour passer, il faut que le discours soit bien formulé, et « aille de soi », là où

---

1. *Rhétorique* 1356a 14-15.

l'argumentation épouse la structure conflictuelle de la confrontation des interlocuteurs, surtout s'ils s'opposent effectivement, comme c'est le cas dans la dialectique. On constate également que l'argumentation et la rhétorique au sens strict, celle qui opère sur du figuratif, ont pour matrice commune la formule "dire A, c'est dire B", puisqu'on peut l'interpréter comme une identité rhétorique ou comme une inférence implicite.

Résumons. « Dire A, c'est dire B » est la loi formelle de *toute* rhétorique, comme le montrent nos exemples. « Il fait froid, mets ton manteau », ou « Il est une heure, c'*est* l'heure de passer à table ». On a affaire à une identité chaque fois. Ce qui fait problème est avalé dans l'identité, dans la suite soutenue du discours. Mais si cela fait *effectivement* problème, alors on n'est plus dans la rhétorique pure, mais dans l'argumentation, et « dire A, c'est dire B » se lira comme un argument, car le froid est la *raison* pour mettre son manteau, comme l'heure qu'il est est une *raison* pour passer à table. Le « dire A, c'est dire B » est devenu argumentatif, parce que le problématique du propos refait question, et qu'il faut donc préciser qu'on a un argument pour A, qui est B.

PERSUADER (*ETHOS*) ET CONVAINCRE (*PATHOS*) : LES GRANDS GENRES RHÉTORIQUES

Pour Aristote, le persuasif est, sans qu'il le théorise vraiment comme tel, le fait de produire une *réponse*, et le plus souvent, de la susciter comme telle chez l'auditoire. Il peut la ressentir, s'en émouvoir, y adhérer, ou simplement l'inférer sans y croire. On connaît la célèbre formule « vous m'avez certes persuadé, mais vous ne m'avez pas

convaincu ». Si l'auditoire considère que B est la réponse
à la question qui se pose, parce que dire A (ce qu'on fait),
c'est dire B, alors B est la réponse qui s'impose, et l'auditoire
la fait sienne si on la lui propose ou s'il l'infère si on aborde
le problème non par sa solution, mais en soulevant la
question. L'inférence est le lien entre le problématique
ainsi soulevé et le savoir préalable lié à cette question, et
qui est ce qu'on appelle le non-problématique. Donc,
s'approprier une réponse, B en l'occurrence, c'est produire
du persuasif, et une *technè* est bien un art productif, ce qui
fait que la rhétorique produit du persuasif. Reste que
l'auditoire doit encore être convaincu, et que la réponse
soit, en raison précisément de cela, réponse à ses *propres*
questions. Au fond, le persuasif renvoie à une seule réponse
pour deux questionneurs. Quand il y a opposition, même
dans le simple dialogue fait d'échanges non conflictuels,
il y en a un qui soulève une question (par ses réponses ou
par une question initiale explicite, ce qui fait toute la
différence entre rhétorique et argumentation) et un autre
qui y répond, ou qui est face à une réponse. La persuasion
est l'envers de la conviction, car la réponse offerte peut
être persuasive, sans que l'auditoire soit forcément
convaincu. La rhétorique ne s'occupe pas de cet aspect
psychologique et contingent qui *découle* des réponses
mises en avant, mais se préoccupe seulement de celles-ci.
D'où le mot *vaincre* dans le mot "convaincre" : c'est le
résultat recherché qui compte, tandis que la persuasion est
affaire de technique. Peu importe qu'on soit convaincu au
final. La conviction se place sur le plan de l'auditoire et
de la réception. Pour arriver à convaincre, il faut faire plus
que persuader : il importe de se mettre au service des fins
que l'homme se donne aussi bien dans sa vie personnelle
que dans sa vie collective, et que cela vaille aussi bien

pour le passé que pour le présent et le futur. On retrouve
là les trois grands critères du délibératif, de l'épidictique
et du judiciaire : les décisions à prendre dans l'assemblée,
les conversations de tous genres, privées et collectives –
après tout, on se réunit aussi aux enterrements et aux
mariages, et pas seulement dans la rue pour discuter de
tout et de rien – et enfin, les jugements sur ce qui a été fait.
Ce sont là les objets de ces trois genres. Certes, comme
dira Quintilien plus tard, tout cela se mêle, l'utile, le juste
et l'agréable, car peu de discours peuvent faire l'économie
de répondre à de tels mobiles, mais Aristote est soucieux
de les distinguer, sachant que dans ces trois genres, « purs »,
on distingue encore ce qui relève chaque fois d'une
dominance de l'*ethos*, du *pathos* et du *logos*.

LES FINS DE LA RHÉTORIQUE

	Ethos	le juste / l'injuste
juridique	pathos	les valeurs / l'illégitime
	logos	les règles du discours argumenté (le code, la loi) / l'illégal
	ethos	la louange / le blâme
épidictique	pathos	l'agréable (le plaisir) / le déplaisir
	logos	le beau / le laid
	ethos	le pouvoir
délibératif	pathos	l'utile
	logos	l'intérêt

POUR UNE THÉORIE GÉNÉRALE DE L'ETHOS :
LES TECHNIQUES DE L'ORATEUR ET LEUR FIN ULTIME,
LE *BONHEUR*

Dans chaque genre, comme on le voit dans le tableau ci-dessus, Aristote cherche à dégager un *ethos*, un *logos* et un *pathos* présents dans des proportions et des rôles variables. L'*ethos*, on s'en souvient, a un double sens, c'est à la fois l'orateur et ce qui – métonymiquement – le caractérise en propre, ses vertus, ses possibilités, son expertise, c'est-à-dire son jugement, sa valeur, c'est-à-dire ce qui le rend précieux aux yeux des autres. L'*ethos*, ce sont *les* valeurs, donc les fins de l'homme, ce qui se partage et constitue le bien commun comme le bien personnel, dont il faut convaincre la communauté, ou ceux qui y jouent un rôle majeur, qu'on est mieux à même de les défendre et de les promouvoir, en leur montrant que sa position, c'est *bien*, et même que c'est bien pour tout le monde. Bref, « il faut comprendre quelles sortes de biens ou de maux se prêtent aux conseils »[1]. Quels sont-ils ? Pour en juger, il faut s'appuyer sur le *possible* et l'*impossible* en politique, sur le *juste* et l'*injuste* en droit, et sur le *plaisant* ou le *déplaisant* dans les discours avec ses contemporains. Même si cela semble un peu réducteur, Aristote veut dégager ce que l'on attend de la *forme* du discours prise dans chacun de ces trois cas. Prenons le cas du discours épidictique qui met l'accent sur le caractère plaisant ou adéquat au problème des discours qu'emploient nos contemporains. La forme y est déterminante, d'où le lien de ces types de discours avec la littérature. Mais ce caractère plaisant marque aussi, étonnamment, l'oraison

---

1. *Rhétorique* 1359a 30.

funèbre, qui doit faire passer agréablement et sans discussion les mérites du défunt comme allant de soi, comme non *problématiques*, ce qui est paradoxalement un *problème* pour l'orateur d'éloges funèbres. Dans les deux cas, le plaisant oblige à amplifier des mérites du mort ou ce qui compte dans la vie, bref, cela pousse à raconter une histoire, des histoires, et ce n'est accepté que si on trouve du plaisir à la forme employée ou de la justesse dans l'expression. Mais Aristote ne se limite évidemment pas à la forme attendue du discours. Il y a une détermination des fins qu'il veut préciser et à laquelle il n'a jamais pensé se soustraire. Il y a une fin commune, dit-il, et c'est le *bonheur* : tout le monde le cherche. Il faut rechercher ce qui l'intensifie, éviter ce qui le diminue ou le réduit, et surtout, ce qui l'empêche. Mais comment définir le bonheur ? Chacun en a une idée différente, ne fût-ce qu'en raison des atouts dont il dispose pour arriver à ses fins, qui, elles, sont variables. « Admettons que le bonheur est le bien-vivre qu'accompagne la vertu, ou la suffisance des moyens d'existence (le maximum de plaisir), ou la vie la plus agréable avec la sécurité de profiter des biens et des corps et la faculté d'en user »[1]. Dès lors, les éléments qui jouent dans le bonheur sont : bien naître, avoir des amis, jouir de richesses, avoir des enfants, profiter d'une vieillesse agréable, disposer de plus de vertus du corps, telles que la beauté, la santé, la force, la sportivité, et de toutes les vertus de l'âme comme le courage et l'intelligence. Cela fait beaucoup pour un seul homme, mais est-on jamais pleinement heureux ? En tout cas, ces buts constituent des valeurs, et pour Aristote, tout le monde est d'accord pour tendre vers elles si on le peut et pour fuir les autres. C'est cela le bien et le mal, les

1. *Rhétorique* 1360b 15.

buts ultimes qui régissent tous les autres, donc tous les discours. Ce bonheur, si on regarde de près sa définition, est un juste équilibre de biens intérieurs et de biens extérieurs, de biens individuels et de biens liés à la collectivité ou dépendants d'elle. Quand on parle de défendre l'utile, le juste ou le plaisant, c'est en sous-entendu, parce que tout le monde estime qu'il est légitime, agréable et donc utile de se mobiliser les uns les autres pour disposer de ces biens et en accroître l'accès de tous dans la Cité. Ce ne sont d'ailleurs pas des fins dont on débat en rhétorique, mais des moyens pour y parvenir (1362a17). Ont-ils été justes ? Seront-ils justes ou plaisants au bout du compte ? Il n'y a rien là d'absolu, mais du relatif, c'est pour cela que le « plus ou moins » est si important en rhétorique. Plus d'amis, plus de richesses, plus de pouvoir, cela se discute, non le fait d'en avoir, ce qui est un bien en soi. L'*ethos*, on le sait, c'est aussi la vertu, dont les Romains feront l'aspect essentiel de leur rhétorique, qui est centrée sur l'orateur et sa place dans la société. Rome est un univers aristocratique et hiérarchisé où le « qui parle ? » détermine ce qui va et peut être dit, alors que les Grecs ont une vision plus démocratique de la parole, Aristote surtout. Une rhétorique du *logos* n'est pas une rhétorique de l'*ethos*, la Grèce n'est pas Rome, même si on retrouve les trois composantes *ethos*, *pathos*, *logos* chez les deux, mais avec un poids différents selon la dimension qui est présentée comme la plus originaire et la plus essentielle. Pour Aristote, l'*ethos* compte, mais pas comme ce qui conditionne le persuasif : les valeurs mobilisées servent à sélectionner les faits, les opinions, les arguments, les discours, qui peuvent créer l'accord, mais celui-ci ne peut être trouvé que comme *réponse* à une question. Dans la vie de tous les jours, donc dans le genre *épidictique*, ce qui va être déterminant pour créer du plaisir chez l'interlocuteur, c'est le *beau* : un beau *discours*, un bel *argument*, un beau *récit*, et un bel orateur plein de vertus s'y rangera pour susciter confiance et adhésion. Pour être convaincant cette fois, il faut que les biens dont je me fais l'avocat comme orateur soient bénéficiaires à autrui. Le bonheur s'accompagne de vertu, car on ne peut être heureux tout seul : il faut bien que ce qui me rend heureux soit un argument ou un exemple pour que les autres puissent l'être également. Les vertus qui comptent sont d'ailleurs la *justice*, c'est-à-dire l'équilibre et le fait de rendre son dû dans le cas contraire (réparation), le *courage*, car le mal fait peur et la lâcheté, si elle se généralise, nous conduit directement aux pires craintes, mais la *grandeur d'âme* est elle aussi importante, car elle redonne aux autres une bonne image d'eux-mêmes au travers de petits gestes de magnanimité et de générosité qui font du bien. Restent la douceur, la sagesse liée à la prudence, à la tempérance et à la juste conception des choses. La première des sagesses est celle qui consiste à bien conseiller, la seconde, à voir clair dans les fins à ne pas perdre de vue et dans les vertus qui permettent d'y arriver. Comme cela, le tableau semble quelque peu arbitraire, il est vrai. Les vertus importantes sont peut-être en plus grand nombre, mais elles sont le fruit de passions réfléchies, ou plus exactement de réflexions sur certaines passions : la crainte, l'espoir, le désespoir, le courage, sont des réponses qui nous renvoient à ce qui est bien comme à ce qui est mal, un bien qui peut toujours survenir ou nous échapper. Quant au mal, il doit susciter une fuite, une distanciation, un éloignement, et à la fois un sursaut de courage si, par malheur, il se rapproche. Le bien doit être donc connu, comme le mal, et passé cette sagesse théorique, il faut agir avec prudence pour, si possible, ne pas perdre ce qu'on a et se rapprocher de ce qui est bien autant que se peut. C'est affaire de jugement. N'est-ce pas la preuve que l'homme est naturellement plongé dans la négociation de la distance, entre le bien, dont il cherche à se rapprocher, et le mal, dont il veut s'éloigner ? Il y a dans cette attitude une composante biologique, mais quand le phénomène est social, interpersonnel, politique donc, la distance devient affaire humaine, et la rhétorique ne peut que s'en emparer. Cela fait que le conseil qu'on donne aux autres, quand la distance avec le bien est forte, ou avec le mal, quand elle ne l'est pas assez, c'est d'avoir du courage pour combattre ce mal, et de faire le bien. La justice, qui s'impose si on n'y est pas parvenu, sans qu'on soit d'ailleurs forcément responsable, est parmi les vertus qu'on a soulignées plus haut la plus essentielle pour rétablir l'équilibre. Pour l'accomplir, la tempérance (ou prudence, *phronesis*) est capitale. Elle permet, dans la distance, d'arriver au juste milieu. Elle est la vertu qui crée de la distance ou veille à ne pas trop la diminuer si c'est préférable. Avec le corps d'abord, car le corps est source d'excès et de plaisirs, qui les font passer avant toute autre considération. Il faut se méfier du corps, donc du plaisir, et de ce qui finit par arriver avec lui, la douleur. Le bonheur, pas plus que la vertu, ne se limite au plaisir. Mettre de la distance avec autrui préserve aussi de la douleur, comme la violence physique par exemple, et il faut donc savoir quand on peut se risquer à être très proche, voire très proche d'autrui pour le plaisir. Les vertus sont ainsi des moyens de gérer la distance avec *ce qui* est bien ou mal comme avec *ceux qui* agissent bien ou mal, avec *ce qui* nous procure le bien comme le mal. En ce sens, le corps, qui fait parfois les deux, doit être géré avec vertu, c'est-à-dire avec modération et, en ce qui concerne autrui, avec respect. Les belles choses, la beauté dont parle Aristote (1366a et b), c'est ce qui rend le beau un *moyen* de persuasion en vue de fins comme celles dont il a été question précédemment : un acte de courage héroïque est beau, il fait de la cause défendue un bien, et elle est d'autant plus convaincante que l'auditoire en tire la conclusion que cette cause peut être sienne. Mais méfions-nous des jugements hâtifs. Certes, l'homme courageux nous incite à adhérer à sa cause, mais il faut pouvoir juger de ses fins (veut-il rétablir la justice ou s'emparer des biens des autres ?) avant que de le louer ou de le blâmer.

Les passions sont les causes qui font varier les hommes dans leurs jugements et ont pour conséquences la peine et le plaisir, ainsi que la colère, la pitié, la crainte, et ainsi de suite, ainsi que leurs contraires

(Rhétorique 1378 a19)

LIVRE II

LE *PATHOS* :
L'*AUDITOIRE*, SES *PASSIONS*, SES *ÉMOTIONS*,
AVEC LES *LIEUX COMMUNS* RÉELS
ET APPARENTS DES *ENTHYMÈMES*

NATURE ET RÔLE DES PASSIONS CHEZ ARISTOTE : LE POIDS DU *PATHOS* ET DE L'AUDITOIRE

LA DÉMONSTRATION PAR LE *PATHOS*

L'enthymème consacre la prééminence du *logos*, et pourtant pour Aristote, le *pathos* comme l'*ethos* sont en eux-mêmes sources de preuve et de persuasion.

> Les preuves administrées par le moyen du discours sont de trois espèces : les premières consistent dans le caractère de l'orateur ; les secondes, dans les dispositions où l'on met l'auditoire ; les troisièmes, dans le discours même, par ce qu'il démontre ou semble prouver (1356 a1-5).

Rappelons-nous ce qui est exigé de l'orateur pour être convaincant : il lui faut viser le bonheur, et donc faire preuve de sagesse (tempérance, prudence, jugement ou *phonesis*), de vertu, et de bonne volonté. Pour Aristote, un orateur, rappelle-t-il au début du Livre II (1378 a7-15), ne peut être crédible et fiable, que s'il fait preuve d'autant de prudence que de vertu et de bienveillance (bonté, souci du bien d'autrui). C'est l'*ethos*, le *logos* et le *pathos* à l'intérieur de l'*ethos*, car la prudence est un choix *personnel* de l'orateur, la vertu est un *discours* de juste milieu qui est

la raison même de l'éthique, et la *bienveillance*, une
disposition positive à l'égard d'autrui. Toutes ces caracté-
ristiques lui confèrent autorité et fiabilité. Etonnamment,
Aristote ne fait pas de l'argument d'autorité la caractéristique
principale de l'*ethos*. Pourtant, l'orateur ne peut mettre fin
à un débat, à la chaîne potentiellement infinie, du moins
en théorie, de questions auxquelles il doit répondre que
s'il fait autorité en la matière. Aristote, d'ailleurs, dissocie
l'*expertise*, le savoir dans les domaines où l'orateur doit
pouvoir répondre, comme le médecin dans l'art de guérir,
ou l'avocat dans ce qui est (juste) plaidable, que s'il présente
des traits de caractère *moraux*. On pourrait objecter à cela
que, pour Aristote, s'en tenir à la vérité pour elle-même
est la manière dont il conçoit l'orateur. La vérité est
essentielle pour que l'enthymème soit convaincant. Il
n'empêche que le choix de ne privilégier que la vérité n'est
pas de l'ordre de la vérité. Cela relève d'une décision
personnelle, qui dépend elle-même de la vertu, de la capacité
de juger entre les extrêmes pour dépassionner le débat (les
passions sont des contraires qui modifient le jugement,
c'est la définition littérale du *pathos*[1]) et de la bienveillance
à l'égard de l'interlocuteur, avec qui on doit être sincère
puisqu'on est jugé par lui. Cela tient au but ultime de la
rhétorique : trouver les bons arguments qui vont dans le
sens du bien-être et de l'obtention des biens qui le
composent. Et là, il faut un juste milieu, donc de la
tempérance et de la sagesse, qui limitent les excès contradictoires des passions. Un exemple : l'avarice s'oppose à la
prodigalité, mais les deux mettent en danger la personne
et obligent la société à compenser ou le manque de
générosité, qui lèse ceux qui ont besoin d'un peu plus, ou

1. *Rhétorique* 1378a.

la dépense ruineuse, qui met en danger l'irresponsable. Le juste milieu requiert la *phronesis*, la prudence, la tempérance, le bon jugement, qui fait choisir entre les contraires ce qui est le plus juste et modère les excès liés à un contraire ou à son opposé. Pour cela, il faut donc savoir ce qui est le juste milieu en l'occurrence, à savoir la générosité, ce qui exige de la vertu de la part de celui qui va choisir. Reste la volonté bienveillante, qui prend en compte les conséquences pour autrui : la générosité, c'est de la bénévolence, car si on se dirige vers ce juste milieu-là, c'est en raison de ce qui importe aux autres, à la Cité, où ne doit régner ni trop de richesses au sein d'un cercle trop restreint, ni la dilapidation, qui oblige les autres à prendre en charge celui qui n'a plus rien ou pas grand-chose. Au fond, c'est parce que l'homme est un être de passions qu'il faut du jugement pour naviguer entre elles, de la vertu pour se tenir aux choix de l'entre-deux, et de la sincérité, pour bien conseiller ceux auxquels on s'adresse. Un homme qui a de l'autorité morale, au-delà de toute expertise (ce qui est le propre de la stricte argumentation scientifique, syllogistique stricte), est un homme de caractère, ce qui fait son *ethos*, c'est-à-dire de bonnes dispositions. C'est ici que l'*ethos* rejoint l'éthique, ce qui n'a rien de sémantiquement surprenant. Souvenons-nous de ce que disait Aristote dans l'*Ethique à Nicomaque* (1179 b30) : « En général, la passion ne cède pas à l'argumentation, mais à la force. Le caractère, donc, doit déjà être à l'œuvre avec le souci de l'excellence, pour aller vers ce qui est noble et fuir ce qui est vil. » La disposition d'esprit, l'*hexis*, l'*habitus* comme dira Bourdieu, est donc déterminante comme préalable rhétorique pour contrer les passions de l'auditoire (donc les siennes propres) et choisir les bons lieux communs ou jugements préalables, qui sont à mobiliser pour aller dans le sens des bonnes valeurs. Pas en argumentation, où le *logos* s'impose de lui-même (c'est la définition de l'enthymème), ce qui explique que ce passage sur l'*ethos* relève du Livre II sur les passions, car en argumentation (Livre I), l'enthymème doit suffire à convaincre de par sa rationalité interne. L'*ethos* y est avant tout l'expertise et la capacité technique à mettre en œuvre cette rationalité, à s'y subordonner, comme à la rendre évidente grâce à des arguments, même si c'est au service de fins extérieures à cette rationalité, comme l'est le bonheur. De toute façon, on s'adresse aussi à quelqu'un, à un autre, dont l'altérité se mesure, s'exprime et se révèle par les passions, plus ou moins fortes. En rhétorique, cet auditoire s'appelle donc par métonymie, le *pathos*. Même si le *logos* est argumentatif, le *pathos* y a un rôle à jouer. Il infère, est séduit, se retrouve d'accord, ou alors il demeure indifférent, voire même s'avère *insensible* aux arguments avancés ou en opposition, d'où la colère, l'indignation, des réactions qui importent peu en théorie de l'argumentation, laquelle n'étudie pas les conséquences personnelles des formes de la persuasion, à la fois située dans un contexte interpersonnel et affirmée indépendante des enthymèmes. N'est-ce pas là le paradoxe d'une rhétorique qui se veut centrée sur le *logos*, mais qui doit tenir compte du rapport déterminant de l'orateur à son auditoire ? « Pour Aristote, l'acceptation sans discussion et l'étude approfondie de l'aspect psychologique, plus spécifiquement l'*ethos* et le *pathos*, semblent inexplicables, étant donné le rejet absolu de ces éléments ». [1] Ou encore : « L'inclusion chez Aristote du *pathos* comme moyen de

---

1. W. Grimaldi, *Studies in the Philosophy of Aristotle's Rhetoric*, p. 19, Wiesbaden, Sterner Verlag, 1972.

persuasion a été diversement évaluée. J'ai pu démontrer que le premier chapitre de la *Rhétorique* rejette le *pathos* comme inadéquat et inapproprié, et que les efforts pour réconcilier le *pathos* avec le reste de l'ouvrage sont peu crédibles et ne trouvent aucun appui dans le texte. »[1] Une rhétorique qui serait entièrement centrée sur le *logos*, et qui plus est, sur l'enthymème, ne serait guère distincte de la dialectique. Elle serait forcément réductrice, pour ne pas dire « réduite », en subordonnant presque jusqu'à l'effacement l'*ethos* et le *pathos* au seul *logos* rationnel. Aristote veut corriger le tir, d'où le Livre II de la *Rhétorique*, ce qui soulève, on l'a vu, la question de la cohérence de l'ouvrage. Une rhétorique centrée sur le *logos* comme lieu de la persuasion rend celle-ci rationnelle aux yeux d'Aristote. L'*ethos* et le *pathos* sont subordonnés, et pourtant ils jouent un rôle spécifique, vu que la rhétorique est une relation interpersonnelle à part entière, sociale même. Comme le dit Aristote dans la *Rhétorique à Alexandre*, le cœur de la rhétorique est de dissuader (éloignement) ou d'exhorter (créer de la proximité grâce à une réponse partagée). L'enthymème n'est plus alors qu'un moyen de persuasion parmi d'autres, ce qu'Aristote affirme et rejette à la fois. Cette tension entre une rhétorique semblable à de la dialectique et une autre, moins argumentative, plus inclusive, déchire tout le projet aristotélicien. Que dit-il d'autre d'ailleurs dans ce passage à la fin de la *Rhétorique*?

> Ne cherchez pas non plus des enthymèmes sur toute question. De même, quand vous suscitez une passion, n'usez pas d'enthymème, car celui-ci chassera la passion

---

1. J. Wisse, *Ethos and Pathos from Aristotle to Cicero*, Amsterdam, A. Hakkert, 1989, p. 72.

(*pathos*) ou vous l'aurez énoncé en pure perte, vu que
des mouvements simultanés s'excluent, se nuisent ou
s'affaiblissent. De plus, il ne faut pas chercher un
enthymème quand vous donnez à votre discours un
caractère moral (*ethos*), car une argumentation
(démonstration) n'implique ne l'*ethos* ni une intention
personnelle[1].

Bref, il n'y a pas, en rhétorique, que l'enthymème et
il est même exclu d'y recourir quand on s'appuie sur le
pathos ou l'*ethos*, et c'est aussi de la rhétorique. Mais
comment la concevoir s'il faut reconnaître qu'on est toujours
impliqué comme *ethos* ou comme *pathos* dans les
raisonnements que l'on tient, avec nos valeurs et nos
émotions ? Le « tout rationnel » en rhétorique tue *la*
rhétorique.

Comment concilier la rationalité de l'enthymème et
l'appel aux passions, donc à l'interpersonnel ? Pour nous,
la réponse est claire : en concevant autrement la rhétorique,
à savoir comme portant sur la distance entre les êtres avec
qui on négocie en fonction de la question à traiter et qui
traduit cette distance. Ce qui explique l'aspect politique
sous-jacent à la rhétorique. En marquant la distance avec
les autres, on voit qu'on évite certains, qu'on est indifférent
à d'autres, et enfin, qu'on crée aussi de la proximité pour
vivre ensemble. La rhétorique est une opération qui porte
sur l'identité et la différence, et les effets se traduisent dans
le jeu des passions, dont le but est de faire connaître et
reconnaître ce que nous ne voulons et ne voulons pas ainsi
que de découvrir ce que les autres veulent et ne veulent
pas. Au travers de cela, il y a ce que nous sommes et ce

---

1. *Rhétorique* 1418 a9-17 (trad. revue).

que les autres sont. Malgré ce constat, c'est l'argumentation, avec l'enthymème, qui occupe la place centrale dans la rhétorique d'Aristote. A quoi revient l'argumentation, en dernière analyse ? A créer une identité, celle qui émerge de l'assentiment, et qui est évidemment partiel : une question, deux questionneurs, deux visions au départ, bref une opposition à résoudre ; l'argumentation vise à déboucher sur *une* réponse acceptable aux deux questionneurs, une identité donc, partielle, ponctuelle, mais réelle, de points de vue sur cette question, grâce à l'adhésion qu'offre l'argument auquel l'interlocuteur consent à la fin. C'est là évidemment une situation idéale. D'où le rôle du juge en droit, qui tranche, et de l'assemblée en politique, qui décide, en l'occurrence par le vote.

Quand on y regarde de près, le *pathos* opère sur la différence, l'exprime, la singularise et, sur le plan humain, désigne celle-ci comme l'altérité, la différence se marquant dans le jugement en raison du *pathos*. « Les passions, dit Aristote, sont les causes qui font varier les hommes dans leurs jugements" (1378 a19). Si on change d'avis, voire si on s'écarte de ses propres résolutions, cela vient des passions, et cela en provoque. Pour Aristote, le *pathos* est ce qui altère le jugement, car au fond, le *pathos* sur le plan logique est ce qui arrive à la substance des choses, elle est ce qui leur arrive accidentellement. Comme c'est le cas pour le sujet humain. Le *pathos*, à l'origine, est une modification du sujet, une propriété accidentelle, un « contraire possible, qui affecte la substance » [1], donc l'altère, la fait être autre que ce qu'elle n'est, tout en préservant son identité substantielle, ce qui sera contesté

___

1. *Métaphysique*, Δ, 21.

plus tard, notamment dans le romantisme. La passion, par
ses extrêmes, peut donc être nuisible ou pas, mais en
rhétorique, seul ce qui compte est que le *pathos* modifie
le jugement de l'auditoire et, à la limite, le constitue, chaque
fois selon le contexte, donc de façon accidentelle. Les
passions, c'est l'orateur dans la position de l'auditoire,
une différence rhétorique qui fait la différence *en* rhétorique.
L'*ethos*, c'est une différence, celle constituée par l'identité
de l'orateur. Il s'agit d'une différence de structure, d'une
différence formelle, propre à la rhétorique, et non aux
individus eux-mêmes, qui peuvent changer de rôle. L'*ethos*
incarne le caractère vertueux, exemplaire, donc ce qui fait
autorité, chez l'orateur. Pour qu'il passe chez l'auditoire,
l'orateur va jouer sur les valeurs partagées, qui vont
s'incarner dans des *topoï*, des lieux *communs* dont le choix
importe autant que le contenu. C'est là que les *sentiments*
vont entrer de plain-pied dans le champ rhétorique. Du
pathos-passion, on est passé au *pathos*-auditoire, par
métonymie. Quant à l'*ethos*, c'est l'orateur par métonymie
de son caractère, c'est-à-dire de son identité qui, dans la
relation interpersonnelle, le positionne d'une certaine
façon, censée le rendre crédible, fiable. Identité et différence,
donc *ethos* et *pathos*. Mais chacun pourrait être l'autre,
l'autre de l'autre, c'est-à-dire le même, si la rhétorique ne
consistait pas à mettre en évidence ou à incarner leur
différence. Comment le découvrent-ils, si ce n'est dans
les passions, qui sont des signaux d'avertissement et de
notification, bref des réponses, des réactions à la relation
avec l'autre, lui indiquant ce qu'il en est de l'autre, donc
aussi de soi-même ?

LES RÉTICENCES DE QUINTILIEN SUR L'*ETHOS*
ET LE *PATHOS* : RHÉTORIQUE LATINE *VERSUS*
RHÉTORIQUE GRECQUE

La rhétorique grecque n'est pas la rhétorique latine. Le statut de l'orateur est l'aspect déterminant de la prise de parole à Rome. *Qui* on est compte davantage, car le statut et la personnalité de l'orateur déterminent si on est en droit ou si on a l'autorité pour dire ce que l'on va dire. La forme du discours est subordonnée à la personne de l'orateur. C'est le statut qui assure la crédibilité du discours, comme sa mise en cause est l'aspect dominant de la réfutation. L'argumentation n'est donc pas étudiée indépendamment des protagonistes. Le *logos*, même stylisé et bien tourné, est subordonné à l'*ethos*. Par contre, on l'a vu, pour la rhétorique grecque, le raisonnement se veut pur et neutre, comme indépendant de l'orateur et de l'auditoire. Il doit tenir la rampe par lui-même sur le plan formel, d'où le rôle qu'y jouent la vraisemblance et le probable. Chez les Romains, l'exorde n'ouvre pas le débat sur la question, mais, par exemple, sur l'intérêt ou le droit de la poser dans un contexte statutaire de prise de parole sur un sujet donné. Au lieu de commencer par susciter l'intérêt sur une question, le Romain commence par la réponse. C'est donc l'invention, le fait de trouver la juste réponse, qui prime. L'*inventio* est première et non l'*exordium*. L'*ethos* est la caractéristique première de la rhétorique latine, alors que pour Platon, par exemple, c'était le *pathos* en tant que manipulation des esprits. Pour Aristote, on l'a maintes fois souligné, c'est le *logos* qui est le régulateur absolu, et loin de traiter des réponses, comme dans la dialectique, on essaie de les trouver (non de les proposer a priori) *en réponse* à des questions, à des alternatives. D'où le problème que lui pose la présence de l'*ethos* et du *pathos*.

Pour Quintilien, qui vient clôturer le champ rhétorique au 1er siècle après J.-C., le *pathos* est indéniablement essentiel, mais de façon très subtile. Il différencie les sentiments (*affectus*) des passions elles-mêmes, qu'il appelle respectivement *ethos* et *pathos*. Voici l'*ethos* rangé dans les sentiments, et non plus conçu comme caractère, il incarne la valeur et la valeur des valeurs morales, dû au fait que celles-ci représentent les *mores* ou coutumes sociales en vigueur. « Le mot *mores*, précise-t-il, inclut en lui-même, à vrai dire, tous les états d'âme. » L'*ethos* recouvre les passions douces ou « émotions calmes et mesurées »[1], tandis que le *pathos* exprime celles qui sont plus vives et plus violentes. Ce sont les réactions que l'on qualifierait, après le romantisme, de passionnées ou de passionnelles. Ce qui est intéressant dans la vision que nous offre Quintilien de l'*ethos* et du *pathos* est que 1) ce sont tous deux des passions, différentes en intensité, certes, mais des émotions tout de même, et 2) que leur différence ne tient qu'à cela et non à celle d'un questionneur et d'un répondant, lequel doit pouvoir parler avec autorité et pas forcément sous le coup de l'émotion. Le tout-passionnel fait perdre le sens de cette distinction questionneur-répondant, pourtant chère à Aristote, même s'il ne voyait pas, comme nous le faisons aujourd'hui, l'*ethos* comme source d'autorité et de crédibilité, qui peut s'enraciner dans le *savoir*, ce qu'Aristote réservait seulement au formalisme de la syllogistique scientifique. Quintilien ne considère que l'*ethos* calme et corrige les altérations suscitées par le *pathos*.[2] L'*ethos* est pour lui la source de toute bonté, de *mise à distance* de ce que le *pathos* bouscule.

1. Quintilien, *Institutions Oratoires*, trad. fr. J. Cousin, Paris, Les Belles Lettres, VI, 2, 8.
2. Quintilien, *Institutions Oratoires*, VI, 2, 17-18.

Il faut que les interlocuteurs soient proches pour arriver à ce retournement. Quintilien va plus loin, « pour marquer la différence [de l'*ethos* et du *pathos*], l'*ethos* s'assimile plutôt à la comédie et le *pathos* à la tragédie. Le *pathos* tourne presque tout entier autour de la colère, de la haine, de la crainte, de l'envie, de la pitié. »[1] Pour donner tout son sens à cette remarque, il faut être disposé à associer la comédie à un jeu sur l'identité, et la tragédie à un jeu sur la différence. La tragédie repose sur du *pathos*, disait déjà Aristote dans la *Poétique*, c'est-à-dire sur la crainte pour ce qui arrive au héros et sur la pitié pour tout ce qu'il va subir et qui lui est funeste. Le rire que suscite la comédie n'est pas pour lui une passion, mais c'est néanmoins du *pathos*, une émotion en l'occurrence, ce qui fait que la comédie relève plutôt, par complémentarité si l'on peut dire, de l'*ethos*. A bien y regarder pourtant, les deux genres littéraires relèvent du *pathos* parce que c'est du théâtre, du spectacle, et qu'on assiste au jeu des émotions qui frappent les protagonistes du drame ou de la comédie. L'*ethos*, ce n'est pas seulement le personnage, le caractère, c'est aussi ce qui est interpellé chez le spectateur, avec ses émotions, mais « de loin » pour ainsi dire, le *pathos* étant au départ sur la scène. D'où l'idée d'imitation, de *mimesis*, qui est centrale dans la *Poétique* d'Aristote. L'assimilation, ou l'extension, de l'*ethos* et du *pathos* au champ théâtral n'est pas nouvelle. Quintilien prolonge ainsi un mouvement amorcé par Aristote. Car l'*ethos* et le *pathos* régissent, avec leurs *logoï* propres, le théâtre tel qu'Aristote le conçoit. Certes, ce n'est plus de la rhétorique à proprement parler, mais les concepts issus de la rhétorique s'y appliquent et s'y insèrent d'une façon qui mérite qu'on l'examine, ne fût-ce que brièvement.

---

1. Quintilien, *Institutions Oratoires*, VI, 2, 20.

ETHOS ET *PATHOS* : RHÉTORIQUE ET TRAGÉDIE

Le premier rapport qui noue l'*ethos* au *pathos* dans le théâtre, c'est la relation du spectateur et des personnages. Le *pathos*, l'auditoire, c'est le spectateur de la pièce. C'est à lui qu'on s'adresse. C'est la Cité, représentée au début chez Eschyle par le Chœur, mais qui disparaît bien vite. Les personnages dans la pièce sont ainsi en proie aux émotions et à des passions parfois violentes, et c'est là que se trouve l'intérêt de la pièce. Pourquoi ? On le verra plus loin.

Autre rapport intéressant : celui de l'*ethos* du spectateur et celui des personnages de la pièce. Si ceux-ci mettent en scène des êtres inférieurs, dit Aristote, on a affaire à une comédie. Inversement, si ce sont des êtres supérieurs, comme des princes, des rois, bref, des « héros », on aura de la tragédie. [1] Tragédie et comédie imitent, c'est-à-dire font voir – et c'est le but de la narration – les actions de ces « héros » ou de ces personnages burlesques, les re-présentent et les reproduisent par la mise en scène théâtrale. C'est de la rhétorique en ce que les uns s'adressent aux autres (*pathos*) par leur discours (*logos*). Mais c'est aussi la relation au spectateur (ou au lecteur) qui fait la différence entre la rhétorique et la poétique, par-delà le fait que la première dit ce qui est mais qui pourrait ne pas être, et l'autre, ce qui n'est pas mais pourrait être. Dans les deux cas, le discours tenu est vraisemblable, [2] donc possible et convaincant, voire réaliste (ce qui pourrait être le cas de la poésie quant aux sentiments exprimés. Mais le mot « réalisme » a changé de sens aujourd'hui). Aristote

1. *Poétique* 1448 a.
2. *Poétique* 1451 b.

NATURE ET RÔLE DES PASSIONS

rassemble aussi les mêmes rapports entre les personnages eux-mêmes et ceux qui les lient au spectateur : « La crainte et la pitié peuvent naître du spectacle et elles peuvent aussi naître de l'agencement même des faits, ce qui vaut mieux ». [1] Dans le théâtre, la relation *ethos–logos–pathos* se dédouble : il y en a une dans la pièce, comme pièce, car les personnages s'adressent les uns aux autres avec passion ou sous le coup de leurs passions ; il y en a une autre qui lie l'*ethos* des personnages et l'*ethos* du spectateur. C'est pour cela qu'on parle de *mimesis*, de *représentation* : les personnages représentent à titres divers les spectateurs, qui « s'y voient » représentés, dédoublés, même si c'est avec une certaine *distance* qui fait toute la *différence*, celle qui distingue la fiction et le réel.

L'action théâtrale repose sur le rapport interpersonnel qui se joue dans le discours et il est donc rhétorique de part en part : un *ethos*, inférieur ou supérieur (pas égal ?), le spectateur, pour qui ces deux notions font sens, un *logos* en prose ou en vers, un *pathos* fait de rire ou alors de pitié et de crainte, tels sont les moments rhétoriques (*ethos– logos–pathos*) qui caractérisent, respectivement, la comédie et la tragédie. Mais il faut aller plus loin si l'on veut creuser la dimension rhétorique du *pathos* théâtral.

Le théâtre est issu de l'irruption de la différence dans la société, une différence qui surgit sous le coup de l'Histoire qui s'accélère. [2] La religion théorise, sacralise, met à distance la différence qui est constitutive de l'identité sociale, mais pour cette raison, elle doit aussi permettre de l'intégrer dans le monde profane : c'est le rôle que

1. *Poétique* 1453 b.
2. Voir M. Meyer, *Qu'est-ce que le théâtre ?*, Paris, Vrin, 2014 et *Le comique et le tragique. Penser le théâtre et son histoire*, Paris, P.U.F., 2003.

jouent les rites et le culte (liturgie). Le sacré inonde et percole alors le monde social qu'il sacralise par des obligations, par la loi, en faisant des différences de base (comme la vie par opposition à la mort, les parents par rapport aux enfants, l'homme par rapport à la femme, toutes des différences essentielles pour l'*identité* du groupe) des impératifs à respecter par le groupe. Les *péripéties* dans l'action et la *reconnaissance* de ce qui est, au fond, familier signifient le retour à une identité, comparable à ce qui se passe dans la religion. D'où l'importance qu'Aristote place dans ce double mouvement théâtral : la péripétie et la reconnaissance, *peripeteia* et *agnorisis*. Que signifient ces deux concepts, si ce n'est, pour le premier, la *différence* qui s'inscrit au creux de l'action, et pour le second, l'identité qui se révèle quand des différences, qui n'en sont pas, tels les dédoublements, sont démasquées pour ce qu'elles sont (le seigneur qui se fait passer pour un valet, par exemple, et réciproquement) ? Dans le premier cas, ne pense-t-on pas à Hamlet, qui veut venger son père et qui tue le père de sa bien-aimée ? Et pour la reconnaissance, ne pense-t-on pas, autre exemple, à la pièce de Marivaux, *Les enjeux de l'amour et du hasard*, où les maîtres se déguisent en domestiques, Lisette et Arlequin, et inversement pour Silvia et Dorante ? La distance sociale se rétablit dans la reconnaissance de qui est qui, et à la fin de la pièce l'identité est restaurée.

Le théâtre ne cherche pas à abolir la différence créée par l'Histoire : il en révèle les aléas, les effets subreptices sur nos actes au travers de ce que font les personnages qui y sont représentés. Ceux-ci croient que tout est différent et qu'on peut tout faire (tragédie), ou alors ils ne perçoivent pas cette différence, comme dans la comédie, ce qui les rend risibles, voire ridicules, pour leur retard et leur ignorance, tel le cocu qui ignore qu'il l'est, alors que tout le monde, sur scène comme dans la salle, sait que l'amant est dans le placard. Ou encore, on pense au vieillard qui pense séduire une jeune fille se croyant aimé d'elle, en dépit des différences physiques insurmontables qu'il se refuse à percevoir ? Parfois, les personnages d'une pièce raisonnent à l'inverse et savent que l'Histoire a rendu bien des valeurs caduques ou qu'elle les a foulées au pied. Les héros tragiques bousculent les vieilles réponses à leur profit, pour prendre le pouvoir par exemple, tel Macbeth qui assassine même des enfants, ou Agamemnon qui est prêt à tuer sa fille, Iphigénie, en offrande aux dieux qu'il remercie pour lui avoir accordé des vents favorables pour sa flotte de guerre. Ces différences sont pourtant fondatrices et immuables dans toute civilisation, mais elles sont néanmoins bafouées dans la tragédie, au nom d'une Histoire qu'on pense pouvoir remodeler sans respect. Si c'est tragique, cela donne aussi lieu à revanche et à retournement, d'où, à la fin, la mort du héros, châtié pour cette violation. Quand l'Histoire s'accélère, les hommes ont tendance à ignorer les différences, soit ils ne s'en rendent pas compte, comme l'homme qui se fracasse dans une glace qu'il ne voit pas, soit ils les conservent, et cet aveuglement fait également rire, d'où la comédie, soit ils les métaphorisent, pour ne plus avoir à les prendre au pied de la lettre. Vu que tout change dans le monde, littéral, de la vérité et de la réalité, on a l'impression de pouvoir dépasser légitiment les impératifs moraux en les considérant pour de simples métaphores. D'où la tragédie, car ces impératifs ne souffrent pas de transgression possible au regard des nécessités fondatrices du vivre-ensemble. Si la tragédie se manifeste par un excès de métaphoricité, la comédie se caractérise, elle, par un excès de littéralité. Cet excès se traduit comme

permanence indue de la littéralité, de l'identité, au regard
des différences que creuse l'Histoire, faisant basculer les
identités en différences. Cela traverse le comique, tandis
que le tragique, lui, se définit par un excès de métaphorisation
de vérités qu'il faut pourtant conserver comme des exigences
littérales, intransgressibles, malgré l'Histoire qui déstabilise
tout, au point de faire croire que tous les excès seraient
légitimes. Tout serait-il devenu désormais permis, car
différent par certains côtés, donc soi-disant caduc? On ne
doit plus alors respecter ce qui était juste, alors que les
raisons pour le faire n'ont pas changé, et on se croit alors
justifié de tout faire. Le comique, c'est de l'ancien qui ne
voit pas le nouveau, c'est-à-dire la différence(une porte
en verre que l'on heurte, c'est une différence que l'on ne
voit pas dans la continuité du paysage), et le tragique, c'est
du nouveau qui néglige l'ancien. Bref, dans les deux cas,
c'est la marche de l'Histoire que ne perçoivent pas les
personnages. C'est ce qui nous fait dire que le théâtre est
une mise en garde du spectateur, des « gens », à l'égard
de ce qui est en train de se passer dans l'Histoire. On peut
l'ignorer, donc ne pas s'en rendre compte ou le savoir et
faire comme si le monde était désormais à soi, mais
l'Histoire agit néanmoins sur chacun à sa façon : les
différences qu'elle creuse dans les identités les mieux
établies ne peuvent, ni être chevauchées comme des
opportunités pour faire n'importe quoi pour satisfaire ses
passions et ses instincts, ni non plus être conservées au
mépris du réel qui le balaie peu à peu. Mais c'est moins
grave, et c'est même drôle ou ridicule. Le rire vient de
l'homme qui ne voit pas les différences, comme lorsqu'il
se heurte à la vitre devant lui et qu'il se fait mal en se
cognant. Au contraire, l'homme qui se croit tout permis,

parce que plus rien ne semble littéralement identique, inspire la crainte, celle qui provient du constat tragique.

Au total, le théâtre, parce qu'il est de toute façon spectacle, nous confronte au *pathos*, au choc des émotions, mettant en branle les nôtres. La pitié et la peur, par exemple, ont un double effet opposé : la pitié rapproche, tandis que la peur éloigne. Dans la tragédie, où Aristote les considère comme étant les passions dominantes, un équilibre se crée ainsi dans la mise à distance du spectateur à édifier et son plaisir d'identification aux personnages qui font tout ce que l'on ne pourrait pas faire. Le théâtre sert à mettre en garde la Cité contre les violations des différences essentielles, que bouscule l'Histoire mais qui *doivent* rester essentielles : le respect de la vie (par opposition à la mort), la piété filiale, et parentale en général (contre l'irrespect), la nature culturelle du féminin, toutes ces différences étant cruciales nécessaires pour tout groupe *et son identité*, des différences qu'il faut non seulement préserver, mais encore *garantir*, car elles sont *sacrées* (c'est pour cette absolue nécessité, d'ailleurs, qu'elles le sont, étant, comme toute différence, en opposition avec l'identité, donc avec le groupe même).

L'œuvre d'art intègre en elle ces exigences d'équilibre ou de restauration d'équilibre à titre de *résolution* finale ; preuve que l'œuvre d'art est une question plus ou moins énigmatique, qui appelle à réponse à ce titre même. La nôtre, certes, mais aussi, sinon surtout, celle qu'offre l'œuvre elle-même, comme un texte, un récit, une intrigue. La rhétorique nous oblige à tenir compte de ces réponses, voire les suscite, parce que nous partageons, tels les personnages de la scène, le même *ethos* qui regarde l'Autre *et* qui agit sur lui, avec lui ou contre lui. Le théâtre est ainsi traversé par une double rhétorique, interne entre les personnages, et externe, puisqu'il y a spectacle, donc des spectateurs. Le plaisir est dans l'achèvement de la résolution, pour nous, car l'issue tragique, dans la pièce, est souvent fatale.

Pour Aristote, il est essentiel de distinguer le bonheur, qui est lié à la vertu, et les plaisirs. Bonheur et plaisir font partie des biens que l'on recherche. Il y a les pratiques et les dispositions (*habitus*, *exis*) qui permettent d'acquérir les différents biens. Quels sont-ils ? Ecoutons Aristote :

> Pour les énumérer un à un, les biens sont nécessairement les suivants : le bonheur ; en effet, il est préférable en lui-même et se suffit à lui-même, et c'est la fin en vue de laquelle nous préférons maintes choses. La justice, le courage, la tempérance, la magnanimité, la munificence, et tous les autres *habitus* de ce genre : ce sont les vertus de l'âme. La santé, la beauté, et les qualités de ce genre : ce sont les vertus du corps, productrices de nombreux biens ; par exemple, la santé est productrice de plaisir et de la vie ; c'est la raison pourquoi on la regarde comme le meilleur des biens ; elle est, en effet, la cause des deux biens que le vulgaire estime le plus, le plaisir et la vie. La richesse ; c'est, en effet, l'excellence de la propriété, et elle peut produire beaucoup de biens. L'ami et l'amitié ; car l'ami est désirable en soi et il peut produire de nombreux biens. Les honneurs, la gloire : ce sont choses agréables et productrices de biens nombreux, et elles ont le plus souvent pour consécutions la possession d'autres choses pour lesquelles on nous honore. La faculté de parler, celle d'agir ; car toutes ces choses sont productrices de biens. En outre, les dons naturels, la mémoire, la facilité pour apprendre, la vivacité d'esprit, toutes les qualités de ce genre ; car ces facultés sont productrices

de biens. Pareillement, toutes les sciences et tous les arts, et aussi vivre ; quand aucun autre bien n'en serait la consécution, celui-là est désirable par soi. La justice ; car c'est chose utile pour la vie en commun. Tels sont à peu près tous les biens sur lesquels l'accord est unanime.[1]

A ces biens, sur lesquels tout le monde s'accorde et qui forment l'arrière-plan commun à toute persuasion nécessaire pour faire agir l'interlocuteur, correspond une liste de plaisirs (1370 b16-1372 a3) :

1. Le plaisir que l'on a de voir ses désirs réalisés (l'amour, la soif, etc.)
2. La vengeance, car on y obtient la compensation que l'on cherche
3. La victoire ; d'où le goût du jeu, de la compétition
4. Les honneurs et la réputation favorable
5. L'amitié, l'admiration
6. Apprendre pour accéder à ce qui est admirable
7. Faire du bien est valorisant
8. Imiter, comme le fait le peintre, ou le poète ; d'où les péripéties et le salut qui sauvent du danger
9. Fréquenter ses semblables, du même âge par exemple
10. Commander et critiquer le prochain
11. Passer pour un sage. L'excellence et l'amour-propre sont ici encore la source du plaisir
12. Ce qui fait rire

C'est une liste arbitraire de « biens », qui en inclut d'autres, comme l'amour de la flatterie ou avoir de beaux enfants. Ce qui frappe dans cette liste est que les plaisirs sont constitués par ce qui est valorisant et donne un sentiment de supériorité. Dès lors, les passions que nous

1. *Rhétorique* 1362 b8-17.

mettons à rechercher ces plaisirs vont aller naturellement dans le sens de la différenciation entre les êtres, où chacun s'efforce d'être supérieur, reprochant à l'autre de l'être ou de vouloir l'être, se satisfaisant de réussir à l'être, en ignorant la différence ou alors en trouvant injuste qu'il y en ait une. Il n'y aurait pas de *passion* sans une altérité définie par la supériorité, l'infériorité ou la réciprocité.

LA LISTE DES PASSIONS DANS LA *RHÉTORIQUE*

Après les plaisirs, les passions. On trouve sept couples de passions dans la *Rhétorique*, structurées en contraires.
   1. La colère et le calme
   2. La crainte et l'audace
   3. La compassion et l'indignation
   4. La honte et l'impudence
   5. L'envie et l'émulation
   6. Le mépris et l'obligeance
   7. L'amour et la haine

Cette liste n'est pas la même dans l'*Ethique à Nicomaque*, où l'on trouve, outre l'appétit (désir), les contraires résolutoires, la joie (plaisir) et la douleur (tristesse). Ce qui compte est l'*ethos* seul, et non ce qui se joue dans l'interpersonnel, comme c'est le cas en rhétorique. Le *pathos*, en rhétorique, est toujours une émotion ou une passion qui reflète l'altérité, la différence que l'on ressent en présence de l'Autre, ce qu'on doit lui faire savoir sur la relation qu'on entretient avec lui. C'est ainsi qu'on ne trouve que dans la *Rhétorique* la colère et le calme, c'est-à-dire, pour la colère, la réaction à autrui qui consiste à sortir de soi, ou au contraire, la placidité et la tranquillité à l'égard de ce qu'il dit ou fait. Il en va de même de la honte ou de l'indifférence, de la gratitude qu'on éprouve

vis-à-vis de certains autres ou du mépris, alors que la
crainte ou la compassion, par exemple, sont présentes dans
l'*Ethique à Nicomaque* en tant que *vertus*.

Pour bien comprendre ce qu'il en est des passions, il
convient de revenir sur ce qu'il en est de la passion en
général. On lui connaît trois composantes, sans doute
représentatives de l'*ethos*, du *logos*, et du *pathos* à
proprement parler. Et enfin, on peut repérer le rôle que
joue la distance entre les êtres dans la passion : celle-ci est
d'autant plus forte que l'on est proche des êtres, et plus
faible qu'on en est éloigné. Reprenons tout cela dans
l'ordre.

Si l'on symbolise la relation de l'orateur et de l'auditoire
par une flèche, et la distance, par la longueur de cette flèche,
cela donne le graphique suivant :

1)   *Logos* (discours)
         Ethos (orateur) ⟶ *Pathos* (auditoire)

Si l'éloignement est plus grand en 2) qu'en 1)

2)   *Logos*
     Ethos ⟶ *Pathos*

La passion n'est pas seulement un *logos* en rhétorique,
mais un état d'âme qui s'exprime (*logos*) chez l'orateur
(*ethos*) à propos de la façon dont l'autre (*pathos*) le traite
ou le considère, et exprime comment l'orateur réagit à ce
qu'il sait de la manière dont l'auditoire le voit. C'est donc
un jugement également, réciproque en l'occurrence, donc
pénétré d'altérité ; c'est un *logos*, une réponse sur la question
soulevée et ce qu'en fait l'auditoire quand il est face à
l'orateur. Il y a donc aussi un *pathos*, au sens d'une réaction
émotionnelle, d'un ressenti, d'un état d'esprit, qui nourrit
le dialogue entre l'orateur et son « juge », qui a trait à ce

que l'auditoire éprouve sur ce que l'orateur dit et éprouve lui-même. Il y a donc une surenchère passionnelle réciproque possible, comme lorsque je me mets en colère quand je constate l'indifférence ou le mépris dans lequel me tient l'auditoire.

Si on résume, le *pathos* comporte trois éléments, variables selon la relation :

1) Un *jugement* (*logos*) qui qualifie la passion : c'est de l'indifférence, ou plutôt du mépris, de la haine, ou autre chose encore. Ici, on a quatorze passions.

2) Une *réponse* à la situation où se pose un certain problème, qui se manifeste par une mise à distance ou non, ce qui sert à atténuer ou à accroître cette distance. On a là une évaluation de la solution vu la distance par rapport au problème soulevé, ce qui relève de l'*ethos*. J'éprouve de la crainte, si par exemple le mal est encore éloigné, ou je prends mon courage à deux mains, si le mal se rapproche.

3) Une sensation de *plaisir* ou *déplaisir* (*pathos* proprement dit). C'est l'aspect corporel et physique de l'émotion, mais cela peut se limiter à une impression de désagrément ou d'accord, parfois purement intellectuel, quand la distance est suffisamment forte pour atténuer la violence de la passion et transformer le plaisir en contentement, et la douleur en tristesse ou en sentiment de simple déplaisir.

Toute passion a ainsi trois composantes : un *ethos*, un *logos* et un *pathos*. Commençons par le *pathos*, c'est le plaisir et le déplaisir qui sont affaiblis par la distance, en tout cas qui changent de nature. La grande proximité avec l'autre rend le plaisir et le déplaisir plus « physiques », en tout cas, liés à des sensations qui se révèlent et se marquent corporellement, ne fût-ce que dans les gestes et les mimiques. Avec la distance, cela devient davantage de la joie et du déplaisir, pour se muer, quand la distance est encore plus grande, en contentement ou satisfaction et, comme opposés, en désagrément ou tristesse. Il y a aussi un *ethos* dans la passion. C'est une *évaluation* de la réponse au vu de la question qui s'y pose. Que faut-il montrer à l'Autre ? Est-ce bien juste de réagir comme on le fait ? Dois-je m'énerver, avoir peur, aider, etc. ? $Ethos = \frac{problème}{distance}$. Et enfin, il y a le *logos* qui qualifie le type de passion et qui la caractérise alors comme haine, amour, pitié, bienveillance, etc.

Prenons un exemple pour mieux éclairer les choses, celui du calme et de la colère chez Aristote. L'image traditionnelle et post-romantique qu'on a des passions les fait concevoir comme des excès, des emportements qui touchent l'être tout entier, l'obsède et le rend songeur ou entièrement dominé par sa passion. Cela devrait exclure le calme du champ des passions. Aujourd'hui, on voit mal décrire un amant passionné par le calme. Notre romantique a-t-il bien compris Aristote et sa théorie des passions en rejetant ainsi l'une d'entre elles, qui est d'ailleurs un pivot dans l'ensemble du champ passionnel ?

En réalité, pour Aristote, le calme est une prise de distance déproblématisante – il dirait minimisante – qui doit impressionner l'interlocuteur, afin de faire baisser la tension et l'agressivité. C'est un jugement (*logos*) sur la situation et le problème qui y est posé, avec le souci (*ethos*) de montrer le contentement (*pathos*) qu'on a de *calmer* le jeu et de se rapporter sereinement à l'Autre, avec la distance pacifiante qui s'impose, un *ethos* plus adapté que celui qui consiste à se laisser aller, comme c'est le cas dans la colère, son opposé. Par le calme, on envoie un signe, une réponse à autrui, pour diminuer la pression, et retrouver une approche sereine des questions et du rapport à l'auditoire. C'est cela qui fait plaisir à celui qui a décidé de garder ou de retrouver son calme. De cette façon, il se peut que le *pathos*, l'auditoire, lui aussi réagisse face à l'orateur, en se calmant à son tour, car c'est ce qui, en l'occurrence, lui paraîtra le moins source de déplaisir étant donné les circonstances.

Un *ethos*, un orateur, suscite toujours des réactions, un *pathos*, chez son auditoire, mais on pourrait imaginer un *ethos* passionné et passionnel. N'aurait-on pas là la fin de l'association du *pathos* comme auditoires et des *pathè* comme étant les passions, puisque l'orateur aussi serait passionnel ! Aristote est très clair là-dessus. L'*ethos* est un rôle, une position, une place. Un orateur (*ethos*) se définit par des *valeurs* de crédibilité, qu'il cherche, sinon à faire partager si elles ne le sont pas, du moins à mobiliser si elles le sont, afin de gagner l'adhésion de son interlocuteur. Il peut mobiliser les passions sensibles pour y parvenir, mais que sont ces passions sinon ce qui, *chez l'auditoire*, est susceptible de faire pencher la balance ? Donc, clairement, le *pathos*, c'est la passionnalité de l'auditoire, même si l'orateur peut lui-même s'appuyer sur elle pour arriver à ses fins. Il peut d'ailleurs aussi montrer sans réellement éprouver. Il n'y aurait sinon pas de manipulation possible. L'*éthique*, le caractère, demeurent un signe distinctif de l'*ethos*, et la passion, du *pathos*. Mais il y a du *pathos* dans l'*ethos*, comme il y a de l'*ethos* dans le *pathos* en tant que composantes. Chacun peut d'ailleurs changer de rôle au cours de ses échanges, comme on le voit dans les dialogues. De même, l'orateur peut chercher à se mettre à la place de son interlocuteur en jouant sur les passions qu'il a au départ sur la situation débattue, ou plus exactement, sur la question qu'elle pose. Effectivement, où serait encore la différence entre l'orateur et l'auditoire, si les passions exprimées étaient les mêmes ? Ce sont des *rôles* qui peuvent se distribuer alternativement sur un même individu, mais les valeurs (*ethos*) et la passion (*pathos*) sont des critères de différenciation qui caractérisent structurellement la relation rhétorique.

Une passion a donc une part d'*ethos*, de *logos* et de *pathos qui* la mobilise, c'est-à-dire qui singuralise *ce en quoi* elle consiste, et *avec laquelle* il faut jouer pour mieux influencer ceux qui sont les *sujets* de telle ou telle passion (du *pathos*-passion au *pathos*-auditoire, si l'on veut). Prenons le cas de l'amitié bienveillante. Il y a des gens bien disposés en général avec les autres, c'est leur *habitus*. Et puis il y a ceux que l'on aime, à qui l'on veut faire du bien, dans le souci de réciprocité bienveillante et valorisante, qui consiste en la *philia*, l'amitié ou l'amour (en général). Reste enfin la passion comme telle, son *logos*, qui la distingue des autres passions et même en dessine les contours, les nuances ; on n'appelle pas amour ce qui est amitié, ni amitié ce qui n'est que *sympathie*, et ainsi de suite. Lorsque la distance augmente, la passion diminue et se mue en autre chose, comme de l'émotion. Et puis, elle passe de l'émotion au simple jugement légèrement teinté d'affect. La haine est très forte si la proximité est forte, comme l'amour ; c'est pour cela que l'un se transforme aisément en l'autre. Mais avec la distance, la haine se transforme en détestation, en rejet, en indifférence, en simple jugement négatif. Quelqu'un qui n'a pas connu Staline et n'en a pas souffert ne peut pas dire « Je hais Staline ! », ce serait un langage abusif pour dire qu'il n'aime pas Staline ; il le juge mal, mais il serait inapproprié de parler dans ce cas-là de passion ni même d'émotion bouleversante. Il en va de même pour la passion amoureuse. Le mot « amour » signifie autre chose si je dis : « J'aime ma femme » et « J'aime Macron » ou « Je n'aime pas mon père » et « Je n'aime pas Trump ». Ici, le mot « aimer » est le même sur le plan de l'homonymie, mais ils recouvrent des sentiments différents, l'un plus faible, l'autre plus fort, puisqu'on n'est pas proche de Trump comme on a pu l'être de son père. C'est plus un jugement subjectif qu'une passion au sens où on l'entend habituellement, même si c'est quand même la voix du déplaisir qui s'exprime.

Quand la distance augmente, les passions tendent à s'affaiblir en simples jugements de valeur, comme si le « subjectif » s'y résorbait. Inversement, les valeurs à courte distance ajoutent du subjectif au jugement, et c'est cet apport subjectif qui transforme le jugement en mouvement d'évitement ou au contraire, de rapprochement (saint Thomas). *Les passions sont ainsi des valeurs plus du subjectif, et les valeurs sont des passions « désubjectivisées ».*

LA COLÈRE ET LE CALME

Comme tout ce qui a trait au propre de la relation rhétorique, l'ancrage du discours se fait dans un contexte déterminé et à propos « d'un individu déterminé ». [1] La colère vise quelqu'un en particulier et s'efforce à lui faire du mal afin, dit Aristote [2], d'en retirer un plaisir. Rappelons que le *plaisir* est défini de façon différente dans l'*Ethique à Nicomaque* et dans la *Rhétorique*, comme un mouvement ou comme le point final de celui-ci. C'est le terme d'un mouvement de l'âme, qui est le désir. C'est la jouissance obtenue. La colère trouve son plaisir dans un retour à

1. *Rhétorique* 1378 b.
2. *Ibid.*

l'équilibre, le mal subi s'annule dans le mal causé, et au total, tout est bien. La colère, ajoute Aristote, surprend celui qui s'y abandonne, car elle est le fruit d'une alternative : ce qui devait se produire n'est pas arrivé, et ce qui est survenu n'était pas attendu ni prévu. En rhétorique, il est toujours question d'une alternative, c'est-à-dire de problématicité. La colère, au fond, résume à elle seule les passions fortes : Platon voyait dans la partie irascible de l'âme, le *thymos*, ce qui anime la passion comme mise à distance volontaire des désirs les plus instinctuels. L'*enthymème* a peut-être son origine, étymologiquement parlant, dans le *thymos*. Celui-ci est associé chez Platon à la classe des guerriers, qui peuvent aussi bien s'abandonner aux désirs débridés (du peuple) qu'à ceux, rationnels, des philosophes-gouvernants. Saint Thomas divise les passions en concupiscibles et en irascibles. On va vers l'objet, ou on le fuit, on résiste, on refuse de s'y abandonner. L'irascible renvoie à la difficulté, à l'effort, on dirait aujourd'hui qu'il suscite la mise à distance, pour ne pas céder aux biens faciles et trompeurs. Les passions de l'irascible sont chez Thomas d'Aquin la crainte, l'espoir, le courage et le désespoir, car lutter contre un mal qui s'approche ou pour un bien qui s'échappe requiert une maîtrise de la distance et de ses difficultés à y parvenir. L'irascible a pour finalité de se détourner des passions ou des tendances naturelles qui nous poussent à satisfaire nos désirs, une tendance naturelle inhérente à la partie concupiscible de l'âme. Quoi qu'il en soit, pour Aristote, l'*enthymème* semble bien se nourrir du cœur des hommes, en raison de sa rationalité imparfaite par opposition à celle du syllogisme parfait, impersonnel, objectif, qu'on trouve en logique et en science.

La colère est, certes, la représentation d'une satisfaction issue de la vengeance réalisée. Mais elle est avant tout causée par quelque chose qui nous fait sortir de nous-mêmes. Dans la colère, on cherche le contraire de ce que l'on subit. La raison de la colère tient au sentiment de supériorité que l'on a et qui est bafoué ou négligé[1], comme il tient à un désir contrarié qu'on estime légitime. Celui qui nous met en colère nous vexe, nous diminue en nous méprisant, nous outrage, nous juge mal ou ne nous respecte pas. Contre qui est-on généralement en colère, demande Aristote ? Contre ceux qui se croient supérieurs et qui ne le sont pas.[2] Comme personne ne s'estime inférieur, l'orateur peut facilement exciter la colère au sein de son auditoire. On fait ainsi *sortir de soi* l'interlocuteur qui ne s'estime pas reconnu à sa juste valeur. On ne se met pas en colère contre un supérieur, c'est trop dangereux, mais sûrement contre quelqu'un qui s'estime tel, à tort. La colère est fille du mépris et de l'irrespect.

Pourtant, le contraire de la colère, c'est le calme. La distance qui en résulte permet de calmer le jeu. Le détachement donne l'impression d'impartialité dans le propos. On a là une base pour la prudence, comme ce qui fait qu'on juge des choses et des gens de manière plus réfléchie, ce qui est une vertu essentielle de l'orateur. Celui-ci convainc par son calme, suggérant la maîtrise du sujet, et suscite le calme en annulant chez ses interlocuteurs ce qui les met en colère, par exemple en diminuant ce qui a offensé et en se distanciant de ceux qui en sont la cause.

L'orateur saura susciter la colère pour créer une distance avec ce qui est à rejeter, des propos, ou des personnes qui sont jugées coupables.

---

1. *Rhétorique* 1379 a.
2. *Rhétorique* 1379 b.

L'Amour et l'inimitié

On est en présence ici de deux passions qui supposent des égaux ou qui font de ceux concernés des égaux (le mépris s'adresse à des inférieurs). Il est rare que ceux que l'on déteste ne vous détestent pas en retour. Pour l'amour, ce n'est pas forcément le cas, mais bien pour l'amitié. Le concept de *philia* couvre ainsi les différentes formes d'attirance, si l'on peut dire, et de rapprochement, et on est rarement amis avec des gens qui ne le sont pas avec nous. « Est notre ami celui qui nous aime, dit Aristote, et que nous aimons en retour ». [1] Il existe un plaisir corrélé à cette passion, comme on l'a vu dans la liste des plaisirs plus haut. Mais qui aime-t-on ? Ceux avec qui nous partageons peines et plaisirs ; ceux qui nous veulent du bien ; ceux qui nous ont rendu service et été bienfaisants ; les vertueux ; ceux qui sont justes et animés de *phronesis*, de modération et de discernement, car nous les écoutons. Nous aimons les gens sympathiques, ceux qui sont agréables car les fréquenter apporte du *plaisir* ; ceux qui aiment rire, autre plaisir de la liste ci-dessus ; ceux qui nous admirent, etc. Bref, nous aimons ceux avec qui nous nous sentons bien et valorisés, qui nous ressemblent parce qu'ils sont nos égaux, par la vie, le métier (s'ils ne sont pas nos concurrents) ; et qui sont bienveillants.

Pour argumenter, on se fera l'ami de son interlocuteur et on agira ainsi pour tout ce qui le valorise de ce fait même. La *philia* rapproche et l'*ekhthra* éloigne. Or, le but de la rhétorique est de négocier la distance, d'amener des réponses qui permettent de la diminuer, ou de l'augmenter si c'est cela qu'on cherche.

---

1. *Rhétorique* 1381 a.

LA CRAINTE ET L'ASSURANCE (LE COURAGE)

La crainte renvoie à une autre alternative où il y a possibilité d'un mal futur, des souffrances (aspect plaisir/déplaisir de toute passion), qui « apparaissent non pas éloignés, mais proches et imminents, car on ne craint pas les maux qui sont très lointains »[1], comme la mort, par exemple, parce qu'elle semble toujours éloignée. *Qui* a peur? Quel est l'*ethos* du craintif? Font peur, dit Aristote, ceux qui nous semblent plus forts[2], car on n'a pas de raison de craindre les faibles et les inférieurs. La peur est liée au mal qu'on ne peut éviter que difficilement (saint Thomas), qui se rapproche quand l'espoir s'amenuise. Saint Thomas oppose d'ailleurs la crainte et l'espoir comme inversement proportionnels. La crainte est donc signe de faiblesse, d'infériorité, pour un problème qu'on pense ne pouvoir résoudre. Pour chaque passion, on observe qu'il y a un problème, une alternative et que la passion porte sur l'un des termes de cette alternative, en évaluant la distance qui mesure la probabilité de son occurrence imminente (d'où le plaisir ou la peine qui résultent de cette occurrence). Chez Aristote, le phénomène *général* de la passionnalité se double d'un rapport à autrui évalué en termes d'infériorité ou de supériorité, réelle ou supposée, que la passion exprime ou contre laquelle elle s'insurge.

L'assurance, la confiance en soi, à l'inverse, renvoie à un sentiment de supériorité, sur la situation, sur les autres, ou tout simplement quand il y a « éloignement des choses menaçantes et la proximité des choses salutaires »[3]. L'*habitus* lié à cette confiance tient à l'homme qui a connu les succès, triomphé des dangers, et s'est assuré une position

1. *Rhétorique* 1382 a21-26.
2. *Rhétorique* 1382 b14.
3. *Rhétorique* 1383 a18-19.

sociale dont les ressources sont éminentes, bref, qui confère la supériorité sur les autres, qui devraient hésiter à l'affronter et à lui faire du mal.

Rhétoriquement, susciter la crainte ou proposer de l'ignorer est, dit Aristote, une excellente stratégie persuasive.

LA HONTE ET L'IMPUDENCE (INDIFFÉRENCE)

La honte, par-delà sa spécificité, puisqu'elle a trait à l'image que l'on donne à l'autre sur soi-même, est un déplaisir, mais elle traduit un sentiment d'infériorité dont on prend conscience par le vécu de cette passion. Elle est liée aux vices, aux fautes, aux défauts. Elle est une gêne face à la supériorité de l'autre, qu'on refuse d'admettre (on a honte de l'aide des puissants, mais cela nous renvoie à notre faiblesse). Le manque de vertu fait honte, mais il est rare que celui qui s'en prévaut ait honte d'agir ainsi, même si, pour un tiers, il devrait en éprouver. La honte, est un sentiment d'infériorité, comme l'absence de honte, l'impudence, l'indifférence, est l'expression d'une supériorité. « Voilà pour la honte, il est évident que nous tirerons une ample provision de prémisses et de sujets dans le cas contraire, l'impudence »[1]. On trouve les deux dans l'exemple suivant : « La princesse se baigne nue devant ses serviteurs ». Elle n'éprouve aucune honte devant des êtres inférieurs, ses serviteurs, alors qu'il faut qu'elle s'habille bien pour plaire à son prince. Ici, encore, on est dans une relation où l'on a affaire à des passions complémentaires, tout dépend si la personne est en présence d'un inférieur (impudence), ou d'un supérieur (honte) qui peut vous juger et vous rejeter ou simplement vous mettre à distance.

1. *Rhétorique* 1385 a14-15.

L'Obligeance (*CHARIS*) ou compassion ;
la pitié, le mépris et l'indignation,
l'envie et l'émulation

Les deux premières passions, la bienveillance et la pitié, sont difficiles à différencier à notre époque, car si on est bienveillant avec ceux qui sont dans le malheur, c'est qu'on en a également pitié. On pourrait dire que la bienveillance est une compassion qui est davantage un *ethos* général que ne l'est la pitié, qui relève davantage de situations particulières. Mais pourquoi les distinguer néanmoins ? La bienveillance se manifeste par la main que l'on tend, mais on agit de même lorsqu'on a pitié de quelqu'un.

La pitié, en fait, est un spectacle, comme on l'a vu lorsqu'on a traité de la tragédie qui en fait sa passion-clé. La proximité du mal qui peut survenir pour soi et ses proches incite à la pitié, car on pense que cela pourrait nous arriver. La pitié, curieusement, renvoie à un sentiment d'égalité : on pourrait être l'autre. Pourtant, il y a dans la pitié un sentiment de condescendance qui donne l'impression d'être à l'abri. Un malheur injuste suscite la pitié, un bonheur indu provoque l'indignation, la révolte. « Mais on pourrait penser, d'un autre côté, que l'envie s'oppose, de la même façon, à la pitié, considérant qu'elle est toute proche de l'*indignation*, voire est identique à elle »[1]. Ici, on a vraiment l'impression d'un arbitraire renforcé dans la liste des passions, auquel s'ajoute la confusion.

Que faut-il penser de tout cela ? La bienveillance semble s'adresser à des gens inférieurs, tandis que la pitié concerne

1. *Rhétorique* 1386 b16-18, trad. fr. P. Chiron, Paris, GF-Flammarion, 2007, p. 315.

ceux qui, de nos égaux, ont chuté, comme nous pourrions chuter à notre tour.

Et sur le plan rhétorique, qu'en est-il ?

La bienveillance, l'obligeance, la gentillesse en somme, sont des vertus essentielles pour persuader l'interlocuteur qu'en lui proposant certains arguments pour agir ou penser d'une certaine façon, c'est fait dans son intérêt, car l'orateur s'exprime d'une manière désintéressée, qui visent à l'aider. On répond à une *demande*, à une *question*, qui tient à cœur à l'auditoire, on l'aide gratuitement pour répondre à ce qui fait problème. La désobligeance, son contraire, consisterait à répondre contre son intérêt, de façon malveillante, par de mauvais conseils. La bonne volonté est pourtant chez Aristote autant une vertu qu'une passion, car c'est un trait de l'*ethos* que de vouloir faire passer l'orateur pour bienveillant aux yeux de son interlocuteur. Cela donne non seulement une bonne image de soi, mais également de la relation qu'il a avec autrui en général, et de l'image qu'autrui doit avoir de lui. « Parlons maintenant du genre de choses qui font pitié, des personnes qui inspirent la pitié, et des dispositions personnelles dans lesquelles on éprouve la pitié »[1]. En d'autres termes, du *logos*, du *pathos* et de l'*ethos* qui sont liés à cette passion.

La *pitié* est, encore une fois, à considérer comme une réponse à un problème. C'est la position qu'exprime l'orateur et qu'il veut communiquer à son auditoire. La pitié n'est pas sans rapport avec l'envie. La première concerne des êtres plongés dans le malheur parce qu'ils n'ont pu éviter un mal injuste, tandis que l'*envie* s'adresse à des gens qui ont eu des succès estimés indus, comme ceux qui ont monté l'échelle sociale, et s'ils ne l'ont pas

1. *Rhétorique* 1385 b10-12 (trad. fr. P. Chiron), p. 308.

mérité, ils suscitent l'*indignation*. L'indignation s'oppose
à la pitié, comme le bien injustifié au mal injustifié. L'envie
porte également sur un bonheur injustifié, mais celui que
l'on envie est forcément « notre égal et notre pair » [1]. Quant
à l'indignation, elle concerne « ceux qui ne sont pas nos
pareils » [2], et qui malgré cela se sont retrouvés « dignes de
biens pareils aux nôtres » [3].

Pitié, obligeance, envie et indignation sont donc
étroitement corrélés. Mais comment le sont-ils précisément ?
Avons-nous affaire à des gens qui sont en infériorité ou à
des égaux ? La pitié, par exemple, s'adresse, certes, à des
semblables affectés par des maux immérités, mais ils sont
en position d'infériorité de ce fait même, alors qu'ils sont
proches. L'obligeance, elle, traverse toutes les catégories
sociales, si ce n'est qu'on se doute bien qu'on ne doit pas
être bienveillant et généreux avec des gens qui sont bien
lotis. La pitié tient au sort, au mal qui frappe, d'où son rôle
dans le théâtre. Elle est un spectacle, donc l'effet d'une
distance. Au fond, c'est la nature des hommes en cause
qui est déterminante, et leur infériorité ou leur supériorité
tient ici au mal qui les frappe ou au bien dont ils jouissent.
Le mouvement social se réfléchit dans les passions.
Celles-ci, comme les vertus, sont nécessaires pour répondre
aux autres de manière appropriée et *juste*. Si Aristote
considère les vertus comme fondées dans les passions,
c'est parce que les vertus sont des *mouvements* de l'âme
qui la dirigent vers le bien (ou l'écartent du mal). C'est à
de tels mouvements que la passion est associée. Si on
résume les articulations essentielles de passions aussi

---

1. *Rhétorique* 1386 b18.
2. *Rhétorique* 1387 b7.
3. *Ibid.*

proches que la pitié ou la bienveillance, l'indignation et le mépris, on voit qu'elles présentent une même structure, à ceci près qu'elles reposent sur des rapports égalitaires « brouillés ». La pitié s'adresse à des semblables en position d'infériorité. L'indignation a trait à des inférieurs qui se prennent pour des égaux, tandis que l'envie, concerne des égaux (ou des êtres qui se croient tels) qui se considèrent supérieurs. L'émulation, se calque sur des êtres qui veulent égaler des êtres supérieurs et non les rabaisser, comme c'est le cas dans l'envie. L'obligeance ou la bienveillance concerne tout un chacun en position d'infériorité que l'on veut aider et dont l'intérêt propre tient à cœur, tandis que le mépris s'adresse à des inférieurs. Reste la désobligeance, qu'Aristote distingue du mépris, par l'action positive d'être désagréable, animé sans doute par le souci des contraires, mais elle est au fond une sous-espèce du mépris. Être désobligeant, c'est de ne pas tenir compte de l'autre, parce qu'on estime que l'autre ne compte pas.

LES PASSIONS COMME EXPRESSION DU RAPPORT SOCIAL DE SUPÉRIORITÉ, D'ÉGALITÉ OU D'INFÉRIORITÉ

Ce que révèle l'analyse des passions est qu'elles émergent de l'image de l'infériorité ou de la supériorité qu'on ressent – d'où le mot de *passion* – de manière injustifiée, un rapport à autrui qu'on cherche à modifier en lui exprimant ce que l'on éprouve. Le passionnel est d'autant plus vif que la proximité avec autrui est forte. Si la distance augmente, le passionnel, d'émotion, se transforme et s'intègre au jugement, si je véhicule de la crainte, je susciterai de la crainte. C'est la base même de l'inférence réactive. Mais il reste l'asymétrie du pouvoir social. Toutes les passions le traduisent, mais les passions

diffèrent selon le type de rapport social (ou psychologique) :
je me *sens* inférieur, je suis traité comme inférieur, je
l'accepte, je le refuse, bref, je me « mets en passion ».
Dans l'envie, je ressens une infériorité à l'égard de
quelqu'un que j'estime comme n'étant pas supérieur.
J'aimerais avoir le plaisir de l'abaisser pour tous les biens
qu'il a usurpés à mes yeux. La supériorité qu'il croit détenir
me mine, me détruit et c'est cela qui me donne *envie* de
le détruire. C'est, par exemple, l'Allemand vis-à-vis du
Juif, dont il ressent les succès et la richesse alors que le
Juif n'est pas un « vrai » Allemand à ses yeux. L'émulation,
elle, me fait sentir inférieur par rapport aux réussites de
l'autre, mais au lieu de vouloir le détruire, je cherche à
l'imiter et à devenir son égal en ayant les mêmes succès.
La situation s'inverse : cela ne marche pas pour lui, et il
aurait dû réussir, donc j'éprouve de l'indignation pour le
sort qui lui est réservé. Il tombe en infériorité malgré lui,
mais il est au fond plus que cela, comme celui dont j'ai
pitié, dont la proximité ne peut pas me faire ressentir une
identité possible de nos sorts futurs, donc un ratage
semblable qui pourrait me frapper. La pitié s'adresse à
l'égal et au sort que j'aurais pu avoir comme lui, et que
les accidents de la vie ont infériorisé. La bienveillance,
c'est le traitement, la réponse à ces problèmes où viennent
se fondre et s'annuler envie et pitié, émulation et indignation,
comme le calme est réponse à la colère, face aux humiliations
indues, car je ne suis pas inférieur. Les passions sont
complémentaires et pas seulement contradictoires : elles
répondent à la situation qui s'exprime dans la passion
opposée, pour diminuer la distance que leur différentiel
passionnel a créée entre égaux, en leur faisant croire qu'ils
ne l'étaient pas, parce que cet état de choses est purement
circonstanciel.

Sept couples de passions constituent ainsi l'architecture de la vision aristotélicienne sur le sujet. A première vue, ce chiffre semble arbitraire. Pourquoi quatorze passions ? Parfois, on comprend mal leur complémentarité : Aristote dit que la colère répond au mépris, au dédain, mais il soutient également que le calme représente l'antidote, l'opposé de la colère, et qu'en manifestant son calme, on éteint, ou à tout le moins, on montre qu'on peut se distancier de la colère. Toutes ces considérations ont tendance à obscurcir le propos plutôt qu'à le clarifier. Sauf si on adopte un point de vue qui se trouve en filigrane dans ce qu'affirme Aristote. Toutes les passions auxquelles se réfère Aristote concernent une relation vis-à-vis d'être considérés comme étant supérieurs, égaux ou inférieurs, ou l'étant vraiment. Et c'est cette dernière expression, « l'étant vraiment », qui fait toute la différence. Voyons cela plus précisément : la honte et l'impudence, par exemple. On a honte parce qu'on se sent en infériorité, mais se livrer au même acte en face de gens qui ne comptent pas, c'est-à-dire dont le *jugement* ne m'importe guère, donnera lieu à de l'impudence. La crainte ne naît que de la peur d'un mal qui s'approche, dira Saint Thomas ; mais qui peut nous faire peur, sinon quelqu'un de plus puissant, de plus fort, qui nous est donc supérieur à ce titre ? Le courage, l'assurance, nous place en position de supériorité. L'amour, reflète l'égalité, celle des amis, et des gens qu'on aime en général, mais c'est le cas de la haine aussi, qui ne s'adresse qu'à des égaux. Sinon, c'est du mépris qu'on éprouvera. Quant à l'idée que l'autre se fait de nous, elle peut être injustifiée. Et cela donne lieu à des passions réactives différentes. La bienveillance par exemple : elle est un don gratuit à l'égard de ceux qui en ont besoin, et de ce fait, qui sont en position d'infériorité. Si le mal subi rend faussement inférieur, la *pitié* sera la passion qui nous mettra en mouvement, comme l'*émulation* est ce qui nous poussera à agir si nous nous ressentons *faussement* inférieurs. Et si l'autre se sent faussement supérieur, nous éprouverons de l'*indignation*, pour son attitude injustifiée, et de l'*envie* si c'est nous qui nous nous sentons inférieurs à cause des autres qui ont ou sont davantage, injustement à nos yeux. On pourrait retraduire ces passions en se focalisant sur la relation bien/mal et sur le mouvement d'évitement ou de proximité, comme Saint Thomas le fera plus tard, mais Aristote, lui, préfère mettre l'accent sur l'infériorité réelle de soi par rapport à autrui, et, pour les dernières passions, sur le fait que l'autre s'estime inférieur ou supérieur (ou qu'il l'est vraiment), et que cela ne devrait pas être le cas. C'est pour cela qu'il y a des passions directes, comme dira Hume : la colère et la crainte, le calme et le courage, la honte et l'impudence. Et des passions indirectes ou réactives. On trouve quatre autres passions réactives à la supériorité ou à l'infériorité : l'indignation et le mépris, l'envie et l'émulation, la bienveillance et la pitié. Ces dernières sont des réactions à une infériorité *supposée* ou à une supériorité *affirmée* que l'on conteste ou que l'on compense symboliquement, par le mouvement passionnel. Au bout du compte, grâce aux passions qu'on montre et oppose à autrui, on peut rétablir une sorte d'équilibre relationnel. L'identité de chacun peut émerger ou se retrouver grâce à l'expression des passions, dont le rôle est proche de la vertu (question de mesure, de juste équilibre).

Restent finalement deux passions qui jouent sur la réciprocité, donc la proximité ou la distance forte : l'amour et la haine. On a donc six plus six passions qui portent sur des relations marquées par la différence, que les passions servent à négocier, et deux, sur l'égalité des partenaires. Et ainsi, ce qui semblait illogique ou arbitraire chez Aristote, devient rationnel en nombre et en qualité. Les individus s'exposent dans et par le discours passionnel, fait de sensations mélangées et de jugements sur leurs positions sociales respectives.

En conclusion, les passions dont il a été question dans la partie principale du Livre II, reflètent bien ce qu'il en est de *la* passion en général pour Aristote. La passion est, pour parler « moderne », le maximum de subjectivité dans un univers où, conceptuellement, le sujet n'est pas pensable en tant que tel. En rhétorique, le rôle de la passion est de créer une complicité attentive, d'éveiller de la sympathie, afin de gagner l'attention de l'auditoire et même, si possible, son assentiment. Une conception qui limiterait la rhétorique à son impact sur le *pathos* supposerait une place subordonnée du *logos*, ce que récuse Aristote. D'où la fonction différente qu'il assigne aux passions. Elles visent à corriger l'image que les autres se font de nous et même, à rectifier l'image qu'ils se font de l'image que nous avons d'eux. Elle alerte, singularise, et tel un cri d'alarme, instaure un décalage, qui peut d'ailleurs confirmer une asymétrie (ou une symétrie) dans les relations sociales. Elle signale à l'autre qui on est, et aussi qui l'on n'est pas, tandis que l'autre pourrait imaginer le contraire. La passion, c'est le social dans l'interpersonnel, ou, si l'on préfère, l'interpersonnel dans le social. Cette vision de la passion, seul Aristote l'a eue, et après lui, les passions seront conçues autrement et disparaîtront de la rhétorique, de plus en plus réduite au discours plaisant du courtisan ou du littérateur, un *logos* réduit malgré la reviviscence et le renouveau de la rhétorique à la Renaissance et ensuite au XXe siècle.

RETOUR SUR LES LIEUX
ET LES ENTHYMÈMES AU LIVRE II

Curieusement, du moins à première vue, Aristote revient, après l'analyse des passions, sur un sujet abordé au Livre I : l'enthymème et les *topoi*.

Des paragraphes 20 jusqu'à la fin du Livre II de la *Rhétorique*, Aristote reparle des lieux communs (avec une liste de 28 exemples) et des enthymèmes, ceux qui sont corrects comme ceux qui sont fallacieux, parce qu'ils ne jouent que sur le langage, que sur les erreurs de langage. C'est là qu'on voit mieux que les *topoi* ou lieux communs, sont pour lui aussi bien des *règles* formelles que des *arguments* matériels et formels également (dialectiques). Certains *topoi* dans sa liste se trouvaient déjà dans les *Topiques*, mais dans l'ensemble, les deux listes, celle de la *Rhétorique* et celle des *Topiques*, ne se recouvrent pas. La question essentielle est autre : elle est celle de savoir pourquoi Aristote effectue un tel retour en arrière sur ces sujets après avoir parlé des passions, qui apparemment n'ont rien à voir avec les lieux et les enthymèmes. C'est comme si les analyses des passions n'étaient qu'un intermède. Ce qui est curieux est que les passions orientent l'orateur dans le choix de ses raisonnements, puisqu'il s'agit de mettre l'auditoire dans certaines dispositions d'esprit, comme lorsqu'il s'agit de susciter de la haine contre des criminels, par exemple, ou de la bienveillance pour des victimes. Or, Aristote distingue les passions et les lieux de l'argumentation, qui se veulent sous la seule emprise du *logos*. D'ailleurs, quand vous excitez une passion, dit Aristote, n'énoncez pas un enthymème : l'enthymème chasse la passion, l'annule en déplaçant le problème à un autre niveau, et de « tels mouvements

simultanés s'annulent ou s'affaiblissent l'un l'autre ».
(1418 a15). Ils font double emploi, faisant perdre et au
recours à la passion et à l'usage de la raison leur force
propre. On en ferait trop, en quelque sorte. Ce qui compte,
c'est de comprendre le rôle, et ici le fonctionnement, de
l'enthymème, avec les lieux communs pour prémisses (au
sens large, puisque les règles d'inférence font partie des
lieux communs utilisés dans l'enthymème). Plus d'un
commentateur a trouvé ce retour en arrière sinon incohérent,
du moins étonnant. Et pourtant, si on y regarde de près, la
démarche d'Aristote a sa rationalité propre.

Aristote pense que le *logos* possède en lui les deux
autres dimensions de l'interlocution, le *pathos* et l'*ethos*,
de même que le *pathos* a un *logos* et un *ethos*, comme
l'*ethos* se manifeste dans le *logos* avec un rapport au *pathos*.
Il ne renonce donc pas pour autant à sa vision logo-centrée
de la rhétorique.

Qu'a pu penser Aristote en terminant son analyse des
passions ? Qu'il était nécessaire de développer sa théorie
de l'enthymème et des lieux *en intégrant le pathos*. D'où
la nécessité d'une présentation synthétique, articulant les
lieux communs propres aux trois grands genres rhétoriques,
(le délibératif, le judiciaire et l'épidictique), qui sont autant
de formes argumentatives et rhétoriques définies et
singularisées en tant que *logos* par un *pathos* (ces genres
sont des auditoires, donc des problématiques spécifiques)
et un *ethos* (qui fait quoi et dans quelles circonstances)
spécifiques. Il importe donc de montrer maintenant en quoi
l'enthymème articule ces trois éléments dans chacun des
genres et pour cette raison, indépendamment d'eux.

Aristote, en nous rappelant que le *logos* doit pouvoir
intégrer l'*ethos* et le *pathos*, en conclut que singulariser le
pathos ne sert à rien, contrairement à ce que croient les

spécialistes de la rhétorique. Ceux-ci étudient les différents types d'auditoires sans se rendre compte qu'on est chaque fois renvoyé aux types de discours. La persuasion vise le jugement, « qu'on s'adresse à une seule personne, soit qu'on parle contre un interlocuteur qui remet en question, ou contre une thèse, cela revient au même, car il faut nécessairement employer le *logos* pour réduire à néant les arguments contraires, qui sont comme un adversaire contre qui l'on parle »[1]. Et ceci, ajoute Aristote, est valable aussi bien pour le genre épidictique, où l'auditoire demeure un juge, qu'au tribunal ou dans la délibération politique, où l'auditoire l'est tout autant. On est chaque fois en quête d'une solution, donc d'un jugement (pour ma part, je dirais l'inverse : tout jugement *est* déjà une réponse). Ce qui est vrai du *pathos* l'est aussi de l'*ethos*. Le *logos* a en lui, dans le choix du discours, tout ce qui a trait à un *ethos* donné, à l'œuvre implicitement dans le *logos* utilisé. « On peut tenir pour définis la manière et les moyens par lesquels on doit donner aux discours un caractère éthique »[2].

Comment est-ce possible ? Simplement du fait que lorsqu'on choisit un type de discours, délibératif par exemple, on le fait en vue d'une fin. Mais c'est vrai pour tous les autres genres, car on juge en fonction de valeurs qui permettent de dissuader ou d'approuver, vu qu'on veut se rapprocher du bien (quel qu'il soit) et s'éloigner du mal. Tout ceci, pour Aristote, vérifie la suprématie du *logos* et son caractère subordonnant à l'égard du *pathos* comme de l'*ethos*, que l'on retrouve l'un comme l'autre dans la structure sous-jacente de l'enthymème. Et comme le résume Eugene Garver en une phrase, « nous rendons notre discours

---

1. *Rhétorique* 1391 b8-20, Livre II, § 18, (trad. modifiée).
2. *Rhétorique* 1391 b22.

éthique en rendant notre *ethos* argumentatif. La mise en œuvre de l'*ethos* est une conséquence d'un argument, tout comme la *phronesis* (la prudence, la mesure) est un résultat naturel de la vertu » [1]. La question centrale est de savoir comment le *logos* intègre le *pathos* et l'*ethos* dans la structure formelle de la rhétorique. La clé de la réponse est dans la nature profonde de l'enthymème. C'est pour cela qu'Aristote en reprend l'examen après avoir terminé son étude du *pathos*, qui clôt celles du *logos* (l'enthymème, et l'exemplification qui y conduit) et de l'*ethos* (où il parle du bonheur, de l'utile, du juste, et des fins en général qui définissent les prises de position comme prises de paroles). En fait, on peut considérer qu'un syllogisme rhétorique contient trois parties, un *ethos*, un *pathos* et un *logos* qui exprime la relation entre eux. Je constate que x est (probablement) un serpent, c'est un fait que je dois souligner à mon compagnon de promenade ; le *pathos* est la réaction de crainte que cela soulève chez moi et que je voudrais susciter également chez lui (*pathos* proprement dit) ; pour cela, le *logos* doit amplifier, généraliser (*les* serpents en général sont venimeux). Le *logos* sert bien à relier des prémisses, des lieux communs, à une conclusion, et ces lieux sont des constats faits par l'orateur (*ethos*) de manière factuelle sur des x et des y, tandis que le *pathos* est la réaction que cela suscite chez moi (et chez l'autre, si je m'y prends bien). Dès lors, pour Aristote, il importe de « traiter des lieux communs aux trois genres » [2].

Aristote précise bien que chaque genre a ses lieux spécifiques : l'amplification, pour le discours épidictique,

1. E. Garver. *Aristotle's Rhetoric*, University of Chicago Press, 1994, p. 194.
2. *Rhétorique* 1391 b22.

la résolution de la question de savoir ce qui s'est produit pour le discours judiciaire, et celle du possible, pour le discours délibératif ou politique. Pourtant, ajoute Aristote (1392 a), on retrouve, dans une mesure variable, ces trois types de lieux dans tous les genres rhétoriques. On comprend bien que l'amplification domine le discours épidictique, car on met en valeur un élément pertinent, très souvent un fait, et pour en souligner l'importance, on en souligne l'évaluation qu'il convient de lui apporter dans le chef de l'orateur. C'est là que le *logos* rejoint l'*ethos* pour y mettre du *pathos*. L'amplification crée un lien à l'intérieur du *logos*, *avec* le *logos* et *par* le *logos*, entre une prémisse et une conclusion, voire qui l'amplifie pour appuyer ce lien. C'est cela qui rend l'enthymème signifiant ou significatif.

Pour le passé, le juge a besoin de connaître les faits qui se sont produits. La qualification juridique relève du *logos* judiciaire, et les émotions comme les jugements qui vont en résulter, du *pathos*. Ici, on part de l'*ethos* et on va vers le *pathos*. D'où le caractère emblématique de la logique juridique pour l'argumentation. Comme pour le genre épidictique, on ne débattrait pas en droit si les faits criminels ou délictueux ne se prêtaient pas à des requalifications opposées. On les évite ou on les « avale » dans le genre épidictique grâce, précisément, à l'amplification. Dans le genre délibératif, l'alternative se présente sous la forme du possible, car si tout était joué d'avance, il n'y aurait pas matière à discussion et à débat. La maîtrise du possible n'est d'ailleurs possible que si l'on est en position d'égalité (amitié) ou de supériorité (autorité), car le *pathos*, là plus qu'ailleurs est important. Le *logos* domine l'épidictique, où il réunit bien évidemment une dimension de *pathos* et d'*ethos*, mais c'est l'*ethos* qui domine le judiciaire, comme le *pathos*, le délibératif, en précisant que, chaque fois, on

retrouve les deux autres dimensions de façon subordonnée.
On pourrait ajouter qu'il y a dans tous ces genres un
bouleversement des propositions, une interchangeabilité
dans l'ordre de l'enthymème, mais qu'au fond, on y retrouve
toujours le schéma suivant : 1) il y a une *question* qui se
pose et on précise *ce* dont il est question (*ethos*); 2) on
présente une *réponse* (*logos*) que l'on soumet à l'auditoire
d'une certaine façon qui la personnalise et enfin (*pathos*),
3) on assure le lien entre les deux, par du plus ou du moins,
par des qualifications diverses (comme en droit), qui visent
à renforcer la conclusion que l'on veut faire admettre, mais
pathos oblige, on suscite des émotions qui poussent
l'auditoire dans un sens plutôt que dans un autre, à aller
vers la conclusion qu'on veut lui faire accepter. Le lien
$q - r$, question-réponse, peut relever du possible, du
vraisemblable, de l'éminemment juste et judicieux, cela
ne change rien à cette structure de base. C'est en cela que
les lieux sont *communs* et que même les règles de passage
$q - r$, font partie de ces lieux comme autant de moyens de
trancher une alternative, d'éliminer des alternatives entre A
et non-A, par contradiction ou simplement par amplification
du choix fait et/ou par diminution dans la valeur ou la
probabilité du choix contraire, non-A.

On pourrait rentrer dans davantage de détails, quand
on examine la liste des vingt-huit cas de lieux communs
aux enthymèmes, apparents (sophistiques) ou réels. Certes,
ils jouent sur les contraires, mais plus fondamentalement
sur l'identité et la différence, avec, au milieu, les
curseurs ± et +. L'argument *a fortiori* peut être considéré
comme un renforcement (+), mais ce n'est rien d'autre
qu'une identité que l'on maintient à propos du sujet dont
il est question. Quant aux lieux apparents, ce sont des
identités qu'on ne devrait pas considérer comme telles,

car il faut distinguer. Le sophiste joue sur les confusions. Le paragraphe 25 consacré à *De la réfutation* est d'ailleurs très clair au sujet des curseurs rhétoriques, car Aristote rappelle que, déjà dans les *Topiques*, il avait indiqué qu'on pouvait réfuter un propos de *quatre* façons précises : en s'attaquant 1) au même, c'est-à-dire à l'identité de l'objet (=), 2) en posant un argument comme une conséquence (+) mais plus facile à contester que la réponse initiale, comme on peut également valider le contraire (−), ou faire porter son attaque sur les jugements existants et admis qui requalifient le propos initial (±)[1] et qui sont plus aisés à démontrer isolément, un par un.

Dans les derniers paragraphes (23 et suivants) du Livre II, Aristote s'emploie à distinguer les lieux de l'enthymème de l'enthymème lui-même. Nous, on appelle ces lieux de l'enthymème des curseurs ou des opérateurs rhétoriques. L'amplification (ou la diminution, un + ou un -) d'un propos, *par des arguments* ou par des mots plus appropriés, n'est pas un lieu commun, mais un type d'enthymème, une manière de conclure ou de suggérer, qui est propre à la rhétorique. Pas davantage l'exemple, cher au genre délibératif, ou le recours à l'argumentation contradictoire, privilégiée par le genre judiciaire, ne sont des lieux. Par contre, ajoute Aristote, la réfutation n'est pas un enthymème, puisqu'elle consiste à en souligner l'absence, souvent en recourant à un contre-exemple, ce que nos traducteurs de la *Rhétorique* appellent une *instance*.

Ici encore, on peut voir qu'Aristote s'efforce de distinguer les lieux utilisés dans le raisonnement avec le raisonnement lui-même, mais le *distinguo* est loin d'être évident. L'amplification est malgré tout un élément de

1. *Topiques* 1401 b35 – 1402b 13.

langage sur lequel on s'appuie pour raisonner ou affirmer, autant qu'une manière de dire et de suggérer. Et si on peut voir une difficulté chez Aristote à ce propos, c'est parce qu'il éprouve lui-même une difficulté à définir clairement ce qu'il entend par un *topos*. Sont-ils des modes de raisonnement ou des éléments du raisonnement ? Les deux, sans doute, et c'est bien là tout le problème.

Il ne suffit pas d'être en possession des arguments
à produire, il est encore nécessaire de les présenter
comme il faut

(Rhétorique 1403 b)

Livre III

LE FOND ET LA FORME :
LE STYLE (*LEXIS*) ET L'AGENCEMENT
DU DISCOURS (*TAXIS*)

LA FORME DU DISCOURS RHÉTORIQUE : QUAND DIRE (*LEXIS*), C'EST FAIRE

POURQUOI PARLER DE FOND ET DE FORME ?

Le Livre III est divisé en deux parties, inégales d'ailleurs, l'une consacrée à la *lexis*, à l'élocution, à l'acte oratoire, à sa forme écrite et à sa forme parlée, et l'autre, à l'ordonnancement du discours. Il y a ainsi une gradation dans les unités : des sons aux mots, des phrases au texte. Et l'ordre compte. La manière de dire est tout aussi importante que le dit, et dans le dire, il y a la présentation correcte, pertinente, pleine de justesse, pour parler d'un sujet. C'est par là que se vérifie, en rhétorique, l'adéquation aux choses, et si on en dit plus et qu'on magnifie, cela peut être tout aussi approprié que le discours qui va droit aux choses, sans excès. C'est le cas du droit ici, de la littérature, là, car comment donner vie à ce qui n'est pas mais pourrait être [1], ce qui représente une vraisemblance fictive car fictionnelle, telle qu'on la trouve dans les genres littéraires ?

La question qui préside à l'ensemble du Livre III, est celle de savoir pourquoi les mots et les choses, la forme

---

1. C'est, rappelons-le, la définition de la *poétique* qui est l'inverse de la *rhétorique*, où l'on parle de ce qui est mais qui pourrait ne pas être.

et le fond, peuvent être dissociés et dissociables. L'Histoire qui s'accélère crée une différence avec ce qui était, et le décalage entre les mots et les choses s'installe progressivement. La rhétorique manipulatrice joue sur cette perte de sens et utilise les mots dans des significations qui sont devenues caduques ou qui sont multiples par couches successives et plurielles, pour faire passer des messages qui ont l'air de rester valides. Quand l'Histoire qui s'accélère brise la stabilité du monde existant, et que le neuf coexiste avec l'ancien, du moins au début, la confusion peut s'installer entre les réponses qui n'en sont plus et celles qui le deviennent. Certains vont d'ailleurs se battre pour refuser ce qui change, en défendant la validité de leurs points de vue, en le rendant figuratif, non littéral, métaphorique, en affirmant que « c'est une manière de parler », et que si on ne doit plus prendre les choses au pied de la lettre, elles conservent une identité, figurée, certes, mais qui sous réserve de re-travail formel maintient ces réponses obsolètes en vie. Les différences à intégrer deviennent des identités figurées, à prendre non littéralement, comme des métaphores de ce qu'elles étaient : des réponses. Pour qui ne veut pas les abandonner, cela les prolonge, . C'est le Roi qui doute de son habileté politique après une défaite et à qui ses courtisans répondent : « Sire, ce n'était qu'une folle équipée, où vous fûtes toujours le soleil qui nous guida ». Voilà une métaphore qui sauve les apparences. Cette métaphorisation de la réponse atténue ici le sentiment de défaite. C'est le but recherché. Cela permet de faire comme si ce qui est n'est pas et que ce qui n'est pas, ou plus, est encore. Cela maintient une réponse caduque comme réponse, à savoir ici, l'invincibilité du Roi.

Il y a un autre versant des choses, car on observe aussi un refus de ce conservatisme des réponses obsolètes pour décrire la réalité et une volonté de re-littéraliser les choses par de nouvelles réponses, plus adaptées. Comment faire la différence entre ces deux types de réponses ? En argumentant, par un questionnement plus poussé, car celles qui ne sont plus valables ne résisteront pas à la contradictoirité.

C'est là, on s'en doute, l'origine de l'opposition entre « progressistes » et « conservateurs » dans l'histoire de la pensée. Allons plus loin. Les mots sans les choses, les homonymies faciles, les sentences tirées du passé ou du « bon sens », coexistent avec les autres. D'où les conflits intellectuels. L'argumentation vise à permettre de faire le tri entre ce qui est justifié et ce qui ne l'est pas, et de fournir donc des arguments pour trancher entre les réponses auxquelles on peut adhérer et les autres. Mais la rhétorique, et c'est ce que Platon lui reproche, permet de préserver les « réponses » qui n'en sont plus, en les figurativisant par des discours éloquents et agréables, voire persuasifs. En argumentant, par contre, on estime qu'une réponse ne sera réponse que s'il y a des *raisons* factuelles pour qu'elle le soit. Par-là, les mots rejoignent les choses. L'écart entre les deux est le fruit de l'accélération de l'Histoire, et un écart que la rhétorique, quand elle est argumentation, permet de combler, ne fût-ce que partiellement, pour une question donnée. Traiter une question en avalant la réponse qui l'abolit, comme si elle ne se posait plus, tel est le but de l'éloquence, on l'a dit. La forme est maîtrisée pour susciter ce qui peut apparaître au bout du compte comme une illusion de réponse, comme la forme l'est aussi par ceux qui veulent la ressusciter. Figurativité ou argumentation ?

La rhétorique, c'est les deux à la fois, même si Aristote privilégie le *logos* argumenté. Après Aristote, le fossé va se creuser irréversiblement entre ces deux visions de la rhétorique, l'argumentation et la rhétorique stricto sensu.

RHÉTORIQUE DE CONFLITS, RHÉTORIQUE DES FIGURES

Le Livre III de la *Rhétorique* est donc dévolu à l'étude du *logos* comme éloquence et comme style, ce qui recouvre à la fois l'argumentation, la preuve, la justification, mais aussi toutes les formes de narration, ce qui va des genres littéraires et des figures jusqu'à la mise en forme fictionnelle (ou pas) des faits. C'est ce qu'Aristote appelle la *lexis*. Le Livre III de la *Rhétorique* comporte une deuxième partie consacrée à *l'étude des parties du discours* et de leur agencement optimal au sein d'une argumentation globale. En fait, cet agencement, écrit ou parlé (ce qu'Aristote appelle *taxis*), se retrouve aussi bien dans l'argumentation que dans la narration littéraire. Le modèle du genre littéraire, c'est avec l'épopée (Homère), la tragédie, celle de Sophocle en particulier. Un argument ou une argumentation comporte une introduction, un discours avec le pour et le contre, et en guise de conclusion, un épilogue. C'est donc l'unité du *logos* qui est en jeu dans cette dernière partie, mais comme Aristote s'était surtout centré sur l'enthymème, il lui faut maintenant se recentrer sur la figurativité, avec l'élocution comme action oratoire, soumise à l'ordonnancement de toutes les parties du discours, selon le type de discours tenu, dialectique comme littéraire. Il n'est plus question des vieilles divisions comme celle de la rhétorique et de la dialectique, mais de ce qui caractérise l'action oratoire tant orale qu'écrite, donc aussi littéraire. A première vue, cela peut surprendre, car l'Histoire a retenu la scission de la *rhétorique des conflits*, dialectique ou argumentée, dont le modèle est le droit, et de la *rhétorique des figures*, dont la littérature est emblématique. La raison de cette scission est simple. Aristote vivait à une époque, où pour donner un sens à la rhétorique, il convenait de pouvoir caractériser la sophistique en propre pour pouvoir s'en démarquer, et de garder une validité et aux arguments dialectiques, mais aussi aux réponses simplement élégantes et plaisantes, sans avoir à les rejeter. Par contre, après Aristote, le débat change. La rhétorique s'est réduite au fil du temps au champ littéraire et aux figures de styles qui y sont mises en œuvre. D'où vient cette amputation de la rhétorique ? De Descartes. Pour lui, ce qu'on appelle l'*inventio*, ou le fait de trouver de bons arguments, ne livre que des résultats douteux car simplement probables. Il va s'emparer des curseurs du discours rhétorique et les transformer en règles de la méthode. Elles se muent en règles de résolution analytique, conforme à la scientificité qui apporte du certain et non du probable. C'est l'objet du *Discours de la méthode*. Il reprend ainsi chacun des quatre moments de la rhétorique, l'*invention*, la *disposition*, qui couvre la narration littéraire ou factuelle de la vie des tous les jours, mais aussi les argumentaires du *pour* et du contre, l'*élocution* avec ses emphases ou ses rigueurs, ses lieux ou ses figures ; et l'*action* et la *mémoire*, où l'on synthétise tout en un éclair pour conclure. Ces deux derniers moments, distingués chez les orateurs romains, sont tellement imbriqués dans les faits qu'on les regroupe habituellement en seul moment. Les quatre grandes parties qui composent au final le discours rhétorique sont devenues, avec la science nouvelle vue de la Renaissance, les quatre règles magistrales de la méthode scientifique.

Descartes subvertit la rhétorique, pour s'en débarrasser bien sûr, et pour faire de ces quatre moments des règles destinées à établir la certitude, plutôt qu'à se cantonner au vraisemblable, toujours douteux par nature. 1) L'*invention* consiste à trouver des bonnes réponses, non à disserter sur le problème, pour capter l'attention et la sympathie de l'auditoire. 2) La *disposition* se transforme en une règle qui consiste à diviser tous les arguments pour et contre en ceux qui s'imposent, en « craquant » les idées complexes en idées de plus en plus simples (c'est l'analyse proprement dite). Après ce processus d'atomisation, 3) il faut reconstruire l'ensemble, cette fois en repartant du simple vers le complexe, dans un ordre linéaire, qui s'identifie à ce qu'on appelle généralement « l'ordre cartésien » et cela correspond à la narration, au style, au mode de présentation des faits et des arguments. Et 4) enfin, la *mémoire* et l'*action* se combinent pour donner lieu à une règle analytique unique, qui doit permettre de tout reprendre, de tout dénombrer, pour être sûr que rien n'a été laissé de côté dans la démonstration. C'est le but de l'épilogue ou conclusion, que les rhétoriciens romains mettent dans la disposition et d'autres, dans la narration, rendant ce qui conclut relativement accessoire.

Après cette transformation du champ rhétorique en champ analytique, que reste-t-il encore à la rhétorique, dépouillée de sa partie argumentative et raisonnée ? Réponse : la rhétorique narrative, le style, la forme propre au champ littéraire, ou à la limite, à l'éloge du courtisan, qui tourne ses compliments comme ses piques en bons mots. Amputée de la rhétorique des conflits ou argumentation, il ne reste plus à la rhétorique que le champ limité, et bien souvent scolastique des figures, pour exprimer l'ornementation littéraire ou courtisane, et on verra les catalogues de figures de style se multiplier, tous plus arbitraires et inutilement complexes les uns que les autres.

Et les passions ? Elles aussi disparaissent après Aristote, dans le tourbillon du christianisme, qui les voit comme l'inscription du péché originel dans la nature humaine et comme définissant celle-ci. La chute, donc le décalage avec Dieu comme pur intellect, ce qui en fait un être parfait, se traduit par cette passionnalité que nous n'aurions pas si nous étions comme Dieu. Mais nous avons un *corps*, en plus il est uni à l'âme, laquelle est plus ou moins dominée par le corps, cette domination se traduisant par les diverses passions qui nous traversent. Du corps individuel au corps politique, où les passions peuvent amener les hommes à s'entretuer, chez Hobbes ou Spinoza par exemple, la différence n'est pas si grande, et c'est pour cela d'ailleurs qu'on parle de *corps*. Ceci montre bien que le retour des passions au XVIIᵉ siècle se fait en dehors de la rhétorique, en raison même du poids du christianisme, où le rôle du corps est important. Quand la rhétorique reviendra à l'avant-plan avec l'individualisme, les passions ne seront plus qu'un objet parmi d'autres, de la psychologie notamment. La *rhétorique des conflits* ou argumentation ne réoccupera le devant de la scène que tardivement au XXᵉ siècle, avec Perelman. Le droit en sera de nouveau le modèle. Quant à la *rhétorique des figures*, défendue par Dumarsais et Fontanier au XVIIᵉ et au XVIIIᵉ siècle, elle trouvera dans la littérature sa meilleure incarnation. Barthes et le structuralisme contre Perelman et Toulmin, formeront deux camps qui s'écouteront à peine, prétendant incarner chacun la nouvelle « vraie » rhétorique.

Et Aristote dans tout cela ? Il préfigure cette « double rhétorique », en ce qu'il veut intégrer la rhétorique des conflits et la rhétorique des figures dans un seul et même champ. Le style est aux figures ce que l'enthymème est aux raisonnements, l'éloquence ayant ses contraintes stylistiques dans ce qui est présenté au jugement de l'auditoire. Mais ce faisant, Aristote passe au-dessus de ce qui différencie la rhétorique comme raisonnement contradictoire de la rhétorique comme forme du littéraire, comme si cette différence, qui pour nous est cruciale, ne comptait guère à ses yeux. Mais peut-être est-ce anachronique que de le lui reprocher ? Après tout, c'est nous qui sommes les enfants d'une rhétorique qui s'est restreinte comme une peau de chagrin au fil des siècles (Gérard Genette).

Pour autant, Aristote n'a guère pensé l'unité de la rhétorique, ce n'était pas son problème car, pour lui, cette unité allait de soi. Les curseurs de réponse qu'on a dégagés précédemment, le +, le ±, l'=, et le –, marquent le *style* comme l'*argumentation*. L'amplification, par exemple, que l'on peut caractériser par le signe +, renforce une réponse, ou ajoute un argument, et ce que la littéralité ne fait pas, la figurativité peut très bien y parvenir. Ceci ne veut pas dire que la figurativité ne sert nécessairement qu'à argumenter, mais elle peut le faire aussi, tout comme elle peut n'être que formelle, littéraire (ou courtisane), tout en demeurant rhétorique, en ce qu'elle porte sur une question que l'on traite comme si elle était résolue, ce qui est possible grâce au style, et à l'éloquence si le discours est parlé plutôt qu'écrit.

Concluons ces remarques. Aristote traite de l'enthymème *et* du style sans que, *pour lui*, leurs différences (*pour nous*) posent problème. Car même un argument a sa forme, son style, sa *lexis*, et l'ordre (*taxis*) joue aussi dans son agencement comme d'ailleurs dans la tragédie ou toute autre forme littéraire. Il ne croit donc pas à cette opposition qui, pour nous, va de soi, entre rhétorique des conflits et rhétorique des figures. Il n'y a que des *genres* rhétoriques, donc des problématiques différentes. Par contre, pour lui, il y a une opposition – et des similarités– entre rhétorique et poétique.

RHÉTORIQUE ET POÉTIQUE

Il existe de nombreuses références de la *Poétique* d'Aristote à la *Rhétorique* et inversement. Les deux ouvrages font appel aux mêmes notions, que ce soit dans l'étude du caractère (*ethos*), des passions (pitié, terreur), du style ou expression (la métaphore par exemple) [1].

Cela revient à dire que la rhétorique comme la poétique sont structurées par le rôle qu'y jouent l'*ethos*, le *logos* et le *pathos*. Rhétorique et poétique s'éclairent mutuellement, et c'est particulièrement frappant quand on s'attache au Livre III de la *Rhétorique* où *lexis* (forme) et *taxis* (agencement) sont structurants pour *tout* discours adressé à un auditoire, ce qui est le cas du théâtre. D'où sans doute le privilège accordé par Aristote à la tragédie, qui se déroule comme une action rhétorique. Les personnages s'adressent directement les uns aux autres, c'est l'auditoire interne, et il y a un auditoire extérieur, les spectateurs, qui s'identifient à l'un ou l'autre personnage, et à ce qui leur arrive, consacrant l'importance de la *mimesis*, le concept central

1. M.A. Zagdoun. *L'esthétique d'Aristote*, Paris, Editions du CNRS, 2011, p. 52-53.

de la *Poétique*, qui fait de l'acte littéraire et artistique une représentation imitative de ce qui est. Bref, l'auditoire réel, c'est nous, les spectateurs ou les lecteurs. Nous éprouvons de la crainte pour ce qui arrive aux personnages qui comme Œdipe vont vivre un destin tragique et susciter de la pitié quand il le subit effectivement. La *catharsis* purge les passions, comme on dit, mais c'est dans la relation à l'auditoire des spectateurs que s'exprime ce qu'ils éprouvent devant des destins terrifiants. La *catharsis* préside au calme après la tempête et à l'équilibre retrouvé. La différence dont s'est emparé le héros tragique l'a mis hors-norme, et le retour à la normale consiste à retrouver de l'identité, apaisante socialement. Tout rentre dans l'ordre à la fin et les passions suscitées par l'action tragique s'éteignent dans cet équilibre retrouvé, qui est un juste milieu.

Ce qui frappe dans la spécificité du théâtre, c'est le dédoublement de l'auditoire : des personnages s'adressent à d'autres personnages *et* aussi à nous, les spectateurs. C'est dans cet écart que s'inscrit la *distance*, et en conséquence, la *mimesis* qui vise à l'abolir en imitant les actions humaines qui pourraient être celles de chacun d'entre nous, les spectateurs, si nous n'y prenons pas garde. Les excès et la médiocrité nous sont familiers, comme tout ce qui est humain, dira plus tard Térence. [1] C'est par cet effet de distance propre au spectacle que le spectateur peut recevoir et accepter les leçons (de morale ?) que donne à voir ou à lire l'œuvre littéraire. Il ne pourrait affronter le message directement d'un autre, s'il était un être réel. La *mimesis*, même quand elle ne le re-présente pas, nous

---

1. La phrase exacte de Térence (163 av. J.-C.) est celle-ci : « Rien de ce qui est humain ne m'est étranger » (« *homo sum et humani nihil a me alienum puto* »).

rapproche du semblable et nous éloigne du dissemblable : la rhétorique sert à faire de la fiction. Le plaisir, dit Aristote dans l'*Ethique à Nicomaque* (chap. x), est dans le mouvement vers ce qui est bien, comme dans le mouvement contraire qui nous éloigne du mal, mais il est aussi dans le *terme* de ce mouvement. Quand le discours est capable de produire de tels mouvements jusqu'à son terme, sa résolution, il procure du plaisir, de l'agrément.

La *mimesis*, c'est l'action *dans* le discours, comme c'est l'action *du* discours. La rhétorique en donne la forme, la poétique les différentes possibilités d'*ethos*, de *pathos* et de *logos* ; la rhétorique adapte la forme à ces possibilités, la poétique les incarne. L'*ethos* noble donne lieu à la tragédie ; l'*ethos* inférieur (ou égal ?) à la comédie. Les tragédies présentent des héros qui sont souvent des princes ou des rois, aveuglés par leurs passions, comme la soif de pouvoir. Les comédies représentent plutôt des personnages burlesques, ridicules, que nous ne sommes évidemment pas davantage que des princes ou des rois des tragédies. Le *logos* qui convient à la tragédie est le vers, tandis que celui de la comédie est plutôt la prose. Quant au *pathos*, il se situe dans le fait que le tragique suscite crainte et pitié chez les spectateurs, là où le comique provoque le rire. Quant aux genres littéraires, si l'on suit Gerard Genette [1], on peut les classer de la façon suivante :

Ethos	*Logos*	*Pathos*
genre lyrique	genre épique	genre dramatique

1. G. Genette. *Introduction à l'architexte*, Paris, Seuil, 1979.

Mais on peut affiner les distinctions en précisant que l'œuvre d'art est toujours plus ou moins figurative ou toujours plus ou moins réaliste. Ce qui donne :

	Ethos ("je")	Logos ("il")	Pathos ("tu")
figuratif	poésie	épopée	tragédie
réaliste	éloquence (avec sa critique platonicienne qui donnera naissance à la philosophie)	histoire	comédie

Ce qui est la typologie classique des arts textuels grecs, étant entendu que le roman viendra plus tard, plusieurs siècles après J.-C., enjambant l'épopée, l'histoire, et la narration réaliste. Il deviendra ainsi au fil des siècles la narration littéraire par excellence.

La prééminence accordée par Aristote à la tragédie tient au caractère dialogique, et même dialectique, de l'action qui se déploie rhétoriquement, et sans doute également au fait qu'elle met en scène des actes nobles, de qualité morale élevée. Un ou plusieurs personnages (*ethos*) s'adressent à d'autres (*pathos*) durant la pièce, et ils agissent les uns sur les autres par les discours qu'ils tiennent et dont l'auditoire extérieur est le témoin et le spectateur. La distance le protège et lui permet de recevoir des messages, même négatifs, sans se sentir mis en question comme le sont les personnages de la tragédie tout au long de l'action. La *catharsis* est le rapport à l'auditoire de la tragédie (et même peut-être de la comédie, mais Aristote en parle peu) : il n'a pas à répondre, et son questionnement, qui est malgré tout une réponse au sens large du terme, ne sert qu'à interroger ce dont il est question dans ce qu'il voit ou ce qu'il lit, comme autant de problèmes à déchiffrer et qu'on lui adresse comme tels, ce qui va donner lieu au message (moral) qu'il doit en retirer. Une mise en garde, d'où la *prudence* qu'il faut cultiver.

On l'a dit : la rhétorique traite de ce qui est mais pourrait ne pas être, tandis que la poétique s'occupe de ce qui n'est pas, la fiction, mais qui pourrait être. Derrière cette différence ontologique, voire cette complémentarité, de profondes similarités émergent et peuvent éclairer les deux approches dans ce qu'elles ont en commun : la théorie du style. Les maîtres-mots sont *mimesis – lexis – catharsis*, ce qui recouvre en gros l'*ethos* (le caractère des personnages), le *logos* (le style et l'agencement littéraire) et le *pathos* (les réactions de l'auditoire). Notons que pour Aristote, tous les personnages relèvent de l'*ethos*, alors que pour nous, ils sont des auditoires alternés, des tours de rôle.

L'action poétique exemplifie le modèle de rhétorique que développe Aristote. En tout cas, la structure est la même. Reste l'objet, la fiction, le fait de re-présenter, de raconter des histoires qui se veulent plaisantes dans la forme, qui n'est pas ouvertement persuasive, prouvant que la vraisemblance ne s'accompagne pas toujours de conviction. Mais un personnage comme Œdipe est-il « vraisemblable », réaliste ? Rares sont les fils qui tuent leur père et épousent leur mère. Aristote a raison : le fictionnel se rapporte à ce qui n'est pas, et le présente comme s'il était, vraisemblance ou non. Alors, quand Aristote parle de style en rhétorique, que veut-il dire, sinon qu'il doit être persuasif par son côté agréable ou du moins vraisemblable et bien tourné, ce qui est spécifique à la rhétorique seulement, car toute rhétorique n'est pas forcément faite d'arguments explicites. Quel est son champ quand elle n'est ni littérature, ni argumentation ? En fait,

la rhétorique adapte la forme et le style au type de question
traitée, tandis que la poétique étudie les *résolutions* des
énigmes et des questions dans ce qu'Aristote appelle un
« dénouement » (puisqu'il y avait un « nœud », un *plot*
comme disent les auteurs anglo-saxons).[1] Et ici encore, il
y a, dit-il, des tragédies (par exemple) de caractère (*ethos*),
de passions (*pathos*) ou simplement de résolution pure
(*logos*), comme le sera le roman policier plus tard. Car
dans toute structure *ethos – logos – pathos*, un des trois
éléments prédomine.

LE STYLE EN RHÉTORIQUE

*La rhétorique traite de l'opinion, alors que la poétique
concerne la fiction.* Être ou ne pas être, telle est la question,
et puisqu'on parle de questions, il y a celles qui se posent
comme telles dès le départ et qui donnent lieu à argumentation
pour trancher entre les contraires, elles sont « réalistes » ;
et il y a celles qu'on présente comme résolues, et qui
requièrent pour y parvenir, style et élégance (c'est-à-dire
de l'éloquence, quand le style est oral). La fiction, elle,
mélange les deux : elle contient ou exprime une énigme,
un « nœud », une fable, donnant naissance à une histoire
qui résout ou à une forme littéraire qu'une question sous-
tend, mais ce n'est pas de l'argumentation. Ce « *ni l'un,
ni l'autre* » ouvre l'espace de la fiction : une question à
résoudre, sans argumentation, tel est l'objet de la fiction.
Pour la rhétorique, c'est l'élaboration du style qui compte :
les sons, les mots, les phrases, les textes s'enchaînent et
forment des unités de base qui s'appuient sur un style

1. *Poétique* 18, 1455b.

propre chaque fois. Le but est donc de trouver le style qui convient pour chaque question. La vigueur du ton, la scansion, orale ou écrite, sont là pour accentuer ou amplifier le message, parfois avec des gestes [1].

Ce qui est également à rappeler ici est que le discours figurativisé dans des constructions particulières, dans des qualificatifs éclairants, amplifiants même, dans des homonymies, des synonymies parfois purement verbales, se laisse inférer grâce à la littéralité utilisée. Celle-ci est traversée dans son *usage* (on parlerait aujourd'hui de *pragmatique*) par la mise en place de *curseurs* rhétoriques, ceux dont on a parlé : le +, le ±, le = et le −. C'est la source de la gradation, de la quantification, en un mot, de la mini-misation ou de l'amplification, ce qu'on pourrait appeler la *sous-détermination* ou la *sur-détermination* par les mots, les phrases, les discours. Si on dit de quelqu'un qu'il est obstiné, c'est valorisant, on amplifie ses qualités, mais si on dit de lui qu'il est têtu comme une mule, c'est la même chose, la même réalité, si ce n'est que ces mots-là sont dévalorisants. Ce rôle d'écart par rapport à un propos initial, qui est une sorte de degré zéro de la littéralité, où le mot colle bien à la chose, Aristote l'appelle la *métaphore*. Métaphoriser, pour lui, c'est suggérer une réponse qui n'est pas dite littéralement.

Aristote s'embarque aussi dans une foule de considérations sur le rythme, notamment quand il traite du discours poétique, il souligne la scansion dans l'oralité,

---

1. Les hurlements scandés par des phrases montantes et des gesticulations où on en impose, typiques de la rhétorique de Hitler, rappellent cette possibilité, qu'offre en plus la langue allemande avec ses phrases longues qu'il faut bien scander pour ne pas perdre l'auditoire qui, comme disait Talleyrand, « attend le verbe ».

et signale bien d'autres remarques de forme. Il s'attache également à dégager ce qu'il estime les propriétés d'un bon discours : la perspicacité, la clarté, la convenance ; et à l'inverse, celles d'un mauvais discours : l'amplification exagérée (la pompe ou style ampoulé), car toutes ces propriétés ont leur contraire. On quitte alors le juste milieu, préconisé en toutes choses. Mais il faut toujours garder à l'esprit que si l'on utilise un style élevé, raffiné, c'est parce que le sujet l'est. Inversement, un style vulgaire, familier, est révélateur d'une proximité parfois imposée, injustifiée, mais qui est pertinent si le sujet dont on parle est lui-même inférieur en dignité ou en intérêt. Cope, dans son *Introduction to Aristotle's Rhetoric*, a une belle phrase, tirée de Chaucer, pour exprimer la chose : « *Familiarity breeds contempt* » [1], voulant dire par là que la familiarité représente un décalage dans la hauteur de langage qui est appropriée au sujet et à la situation. De même que l'exagération est, à l'inverse, une amplification de style qui est inappropriée. La proximité et l'éloignement sont les paramètres des rapports entre les êtres, et celle-ci doit se refléter dans le langage (*lexis*) utilisé, dans l'expression choisie. On ne tutoie pas n'importe qui, comme on vexerait ses proches si on les vouvoyait.

Derrière le caractère arbitraire des considérations qu'Aristote fait sur le style, qui semblent ou relever de l'évidence ou de prescriptions aujourd'hui caduques parce que le contexte social et littéraire est différent, il y a donc une logique propre à la rhétorique comme intégration de la distance à négocier au sein du discours qui la traduit ou veut expressément aller à son encontre. La passion indique, le style résout, ne fût-ce qu'en traduisant cette passion. Il

---

1. « La familiarité engendre le mépris », E. Cope, *Introduction to Aristotle's Rhetoric*, *op. cit.*, p. 283.

y a un style de l'*ethos*, où l'on parle des individus, de ce qu'on attend d'eux, vu leur âge, leur savoir, leur caractère, leur position sociale, comme il y a, on l'a dit, un discours des passions et bien évidemment, un discours où le *logos* est centré sur lui-même, comme l'est l'enthymème (la poésie étant lyrique, elle traduit les émotions du "je"). Ces dispositions (*exis, habitus*) traduisent le caractère, l'éthique, de l'orateur, et on a vu que lorsque l'*ethos* domine, le *pathos* comme le *logos* sont présents d'une manière ou d'une autre et s'appuient réciproquement pour faire entendre la *voix* de l'orateur. C'est s'écarter du sens littéral en se rapportant à lui, de telle sorte que la distance par rapport au sens considéré comme premier est « calculable », comme un x ou un y qu'il faut résoudre. C'est du ±, sous forme de ressemblance, de comparaison condensée, bref, c'est une forme d'identité, mais figurative, rhétorique. A est B, non pas littéralement, mais figurativement, et partant de là, on l'a dit, toute figurativité pour Aristote est métaphorique. D'autres figures de rhétorique ou de style existent, mais on n'en est pas encore là chez Aristote, car métaphoriser, c'est le nom qu'il donne au processus général de figurativité, Celle-ci consiste à faire un emprunt, une importation, d'où le rôle de l'analogie et de la similitude plus ou moins forte qui caractérise toute figure de style. *Metaphorein*, en grec, veut dire *déplacer, transporter*, ce qui peut donner lieu à une image qui colle à l'identique et qui peut aller jusqu'à une figure d'ajout, d'amplification. La métaphorisation exprime et condense tout le champ couvert par nos curseurs rhétoriques sous une même et seule bannière. Dire A, c'est dire B, mais est-ce que A *est* B pour autant ? Métaphoriquement, figurativement, c'est le cas et affirmer « A est B » c'est créer une identité qui n'en est pas une littéralement, pour faire une *économie* de moyens et s'*épargner* d'avoir à chercher, et surtout à expliciter, leur lien réel. Alors, on dit simplement A "est" B, et on s'arrête là. A l'auditoire de trouver la clé de l'énigme, sa réponse. Ainsi, « Richard est un lion » est une métaphore, car c'est une façon (valorisante, donc amplificatrice) de parler du roi anglais en le comparant au roi des animaux. Littéralement, la phrase dit que Richard, qui est un homme, est aussi un non-humain, à savoir un animal : x et non-x, une alternative donc, ce qui en termes de *réponses*, est une contradiction, parce que l'alternative, à la base, n'exprime pas une réponse, mais une *question*. Il faut la résoudre pour éviter cette contradiction, donc l'affirmation d'une alternative, n'étant pas réponse, est une demande de résolution, et comme énonciation, elle est une *façon* de parler, donc de répondre malgré tout, mais qui renvoie à de l'énigmaticité. Si Richard est x et non-x, qu'est-il au juste, c'est-à-dire littéralement ? On doit se le demander. La forme apparemment contra-dictoire nous le demande. Réponse : il est courageux, puisque cela englobe aussi bien le roi des Anglais que le roi des animaux. La figurativité est l'expression de la question en rhétorique, on dirait aujourd'hui « du problé-matologique ». Elle offre une réponse sur Richard tout en laissant la question se dire au travers d'une littéralité impossible ce qui en appelle donc une autre. On peut voir cette équivalence des mots et des phrases comme une réponse – c'est le propre de la rhétorique – mais qui pose question, car on y trouve toute une littéralité implicite sur Richard Cœur de Lion pour reprendre notre exemple, dont on sélectionne un aspect non dit au travers d'une identité non littérale, qui fonctionne comme une demande de littéralité nouvelle.

CONCLUSION

Pour Aristote, l'adéquation du style au sujet traité, c'est-à-dire à la question, est essentielle. D'où les exigences de clarté, de simplicité, et de noblesse si le sujet est éminent, d'où aussi la versification. Et si les questions abordées sont banales et quotidiennes, le style sera lui aussi banal et prosaïque. Les passions seront amplifiées ou minimisées, et l'auditoire en éprouvera lui aussi, comme la crainte pour les héros en danger, mais de toute façon, il y aura une mise à distance, entre autres par le rire et l'humour comme dans la comédie. D'une manière plus générale, surtout en fiction, mais cela vaut pour tout exposé rhétorique, les questions se présentent comme résolues *par* la narration, mais pas forcément *dans* la narration. Le spectateur répond si celle-ci ne dénoue pas l'énigme, et en poésie, par exemple, il y en a rarement.

Les effets du style, pour Aristote, doivent rester cachés, on ne doit pas voir qu'on cherche à plaire, à séduire ou à convaincre. Cela doit aller de soi, sans problème, comme une réponse qui coule de source. Il faut éviter l'incompréhensible, quel que soit le style adopté. C'est pour cette raison que les écarts d'identité de style sont à éviter : la métaphorisation crée des identités fictives ou figuratives, mais il faut éviter que l'écart ne soit trop grand. Les extensions de sens reposent sur un minimum de convenance, c'est-à-dire d'attributs communs pertinents, ce qui justifie l'analogie en argumentation et la métaphore en rhétorique pure ou rhétorique des figures. Un écart, une énigme surgit, mais implicite au discours (*Rhétorique* 1405a 35). *Pathos*, *ethos* et *logos* : « Le style aura la convenance s'il exprime les passions et les caractères, et s'il est proportionné aux choses qui en sont le sujet ». [1] Reste à l'orateur à s'adapter aux effets de son discours, à ce que son auditoire doit percevoir, qu'il faut faire coïncider avec ce qu'il veut que cet auditoire perçoive. D'où le rôle de la forme.

Venons-en à la scansion, au rythme, surtout dans le langage écrit. On pense à la versification, aux strophes (et donc, aux antistrophes), mais aussi aux histoires linéaires, résolutoires. Aristote ne fait pas le lien avec ce que j'ai appelé dans mes *Principia Rhetorica* la « loi de problématicité inversée », qui est fondamentale en analyse littéraire, et qui repose sur la distinction question-réponse qui doit se trouver *dans* le texte, ou *comme* texte, parce que la littérature est auto-suffisante (tout doit être dans le texte et compréhensible à partir de lui) et auto-contextualisé (ce qu'on voit, sent, perçoit, etc., doit être dit ou suggéré textuellement). Que dit cette loi ? *Plus le problème est explicite dans le texte, plus ce qui le résout le sera aussi, et l'histoire re-présente sa résolution. On pense aux histoires d'amour et aux romans policiers. Du même coup, plus le discours utilisé par l'orateur se rapproche de la forme commune de discours qu'utilise d'ailleurs le lecteur, plus ce discours est littéral.* Par contre, *moins le problème est dit par le texte littéraire, plus la forme de celui-ci sera figurative et énigmatique, comme la poésie par exemple. Plus aussi le lecteur devra être actif dans la recherche du sens, c'est-à-dire de ce qui est en question dans le texte et en tant que texte.* La versification est un des moyens de s'écarter du littéral et d'accroître l'énigmaticité du texte.

Aristote, lui, parle de *juxtaposition*, où le discours est coordonné et progresse vers une fin fixée au départ, et aussi d'*antithèse*, ce qui donne l'antistrophe théâtrale par exemple.

---

1. *Rhétorique* 1408a 10.

En rhétorique, même les enthymèmes ont besoin d'habillage, et si l'orateur n'est pas, comme en littérature, un personnage fictif, c'est parce qu'il s'appuie sur des prémisses partagées, vraisemblables, et que la question traitée renvoie davantage à des préoccupations externes au discours, non inventées par lui.

CHAPITRE II

L'ORDONNANCEMENT
DU DISCOURS RHÉTORIQUE (*TAXIS*)

POURQUOI SE PRÉOCCUPER DE L'ORDRE DU DISCOURS ?

L'étude de la présentation des arguments, de la narration, du plaidoyer, ou du style approprié à ce dont il est question doit s'accompagner de celle des différentes étapes pour y parvenir. Ce sont surtout les auteurs latins que l'on a retenus parce qu'ils ont amplement souligné cette nécessité. Ils ont étudié l'agencement du discours plus que d'autres, sans toujours d'ailleurs être d'accord entre eux. Cicéron a consacré à cette question deux ouvrages importants, *De l'invention* et *Les divisions de l'art oratoire*, et un autre livre, la *Rhétorique à Herennius*, contemporaine, souvent attribué à Cicéron lui-même, présente une préoccupation semblable, mais il subdivise autrement les parties du discours. Quant à Quintilien un siècle plus tard, il reprendra à son tour le problème de la *taxis*, de l'ordre du discours qu'il faut suivre pour bien convaincre, bien parler, bien émouvoir, bien informer ou bien séduire son auditoire. *Docere, placere* et *movere*. Pour certains, à côté de l'*inventio*, il y a la *dispositio*, dans laquelle on trouve tout ou presque tout : la narration, la réfutation, et même la conclusion (ou peroraison). D'autres, tel Cicéron, concentrent ces moments dans l'*inventio*, l'élocution et la mémoire n'étant que des moments oratoires subsidiaires.

Selon Aristote, les choses sont plus simples, mais il change d'avis dans sa *Rhétorique* même. Le discours, en fait, ne comporte que deux parties : « il est nécessaire de dire de quoi il est question et d'en offrir la résolution […]. Cela revient à distinguer d'un côté, le problème, de l'autre, la démonstration »[1]. Certes, il y a l'exorde pour éveiller l'attention et l'intérêt (les passions ?) de l'auditoire, la narration des faits, qui pour Aristote n'a lieu que dans le discours judiciaire, où, en plus, on expose le pour et le contre ; quant à la conclusion, on n'en fait pas toujours. Toute narration n'est d'ailleurs pas de cet ordre, puisque tout discours n'est pas un exposé froid et succinct des faits, mais – le roman n'existe pas encore– peut relever du simple discours plaisant. C'est alors qu'Aristote propose une autre division du discours, cette fois en trois parties. Il y a un exorde, un ensemble de propositions (*dispositio*) et une conclusion. A ces *trois* parties (1414b 25-30), Aristote fait correspondre, respectivement, l'*ethos*, où l'orateur s'avance ; le *logos*, où il présente la question et la réponse, les objections éventuelles, et le *pathos*, où il mobilise son auditoire pour achever de le gagner à sa cause et ainsi créer de la proximité. Dans l'exorde, où l'*ethos* joue à plein, l'orateur se défend, accuse, après avoir souligné quel problème était en cause, et à travers ce dernier, *celui* surtout *qui* l'était. Pour l'accusateur, c'est l'épilogue qui joue ce rôle, puisqu'il se fait après l'exposé du problème. Dans la conclusion, l'épilogue ou péroraison : c'est le *pathos* qui domine. On conclut son discours en impliquant, en

---

1. *Rhétorique* 1414a 30-35 (trad. fr. P. Chiron modifiée).

invoquant, en mobilisant l'Autre, c'est-à-dire l'auditoire, avec ses passions. Et on boucle l'affaire, parce qu'on a apporté des réponses, ce qui doit convaincre l'auditeur, lui plaire et l'amener vers soi. « La péroraison se compose de quatre éléments : le premier consiste à mettre l'auditeur en de bonnes dispositions pour nous, en de mauvaises pour notre adversaire ; le second, à amplifier ou atténuer ; le troisième, à exciter les passions chez l'auditeur ; le quatrième, en une récapitulation. » [1]

Quant au discours proprement dit, les faits, les arguments, les figures d'amplification ou de minimisation, relèvent sans surprise du *logos*.

Le schéma que retient finalement Aristote est celui du "je" – "tu" – "il", de l'interpellation souple et motivée sur un problème qui est passionnellement *aussi* celui de l'Autre. Et en littérature ? Il y a ce dont il est question avec le problème, qui est toujours d'intégrer dans le texte la distance, toute distance, avec le lecteur ou l'auditeur. Il doit se sentir concerné, impliqué, pour répondre à la question qui fait l'objet du texte. Comme lecteur/auditoire, il est *dans* le texte comme « la question de ce qui y est question » dans la réponse textuelle. L'auditoire est donc extérieur, mais pas absent. C'est ce qui fait qu'en littérature, les passions, les personnages et leur caractère, l'effet sur les autres par le discours qu'on leur adresse en titillant leurs passions, se mélangent tout au long. Il y aura ainsi plus tard un ordre du roman, une « logique » du roman, qui offrira les mobiles et le poids de l'action des différents personnages, suggérant des identifications et des répulsions diverses.

---

1. *Rhétorique* 1419b 10-15.

EXORDE, NARRATION, ÉPILOGUE,
DANS LES TROIS GENRES DE DISCOURS

Bref, le discours à effet rhétorique a beau se décomposer en deux parties, Aristote reconsidère son arrangement (ou ordonnancement) pour lui en trouver trois : l'exorde, où l'on doit soulever la question et éveiller l'attention de l'auditoire à la question ; ensuite, il faut exposer les faits, amplifier le discours (dans le genre épidictique) ou les rappeler (dans le genre délibératif), ou encore, les examiner *comme* relevant du champ juridique ; et enfin, il faut conclure, d'où le rôle de la mémoire. On dirait aujourd'hui qu'on passe de la question à la réponse, et entre les deux, l'élaboration de leur articulation. Voilà pourquoi l'*ethos*, le *logos* et le *pathos* sont présents tous les trois dans le discours rhétorique, cela donne les trois parties, avec chaque fois les deux éléments restants minoritaires, mais présents. Dans l'*exorde*, l'*ethos* s'affirme comme orateur qui soulève une question, en s'appuyant sur le discours (*logos*) pour le faire, tout en sensibilisant l'auditoire (*pathos*). Dans la conclusion, il y a certes du *pathos*, mais aussi le rappel des faits (*logos*) et ce pour quoi on les invoque (*ethos*). En termes d'enthymème cette fois [1], on a un centrage sur les prémisses dans l'exorde et la narration (d'où le rôle de l'exemple), ce qui permet de conclure dans l'épilogue. Les maximes, les proverbes, les règles générales, les *endoxa* ou opinions préalables et généralement admises, opèrent à plein quand on débute, quitte à les rappeler dans la narration quand on présente les faits qui sont pertinents. Et on en *tire* la conclusion : « cet homme est coupable », « Socrate a de la fièvre », ou « César prépare un coup

1. *Rhétorique* 1418b 30.

d'Etat ». On peut ainsi compresser les prémisses pour aller plus vite, et ainsi condenser l'exorde ou la narration, voire, à l'inverse, laisser cette fois la conclusion dans l'implicite, en la suggérant. En résumé, l'enthymème, c'est *ethos* + *logos* + *pathos*, et la proposition rhétorique fait le plus souvent l'économie d'un ou deux de ces éléments, et dans un ordre qui varie selon les genres. L'*ethos* joue un rôle prioritaire dans le genre judiciaire ; le *pathos*, dans le genre délibératif, et le *logos*, dans le genre épidictique.

On peut aussi avoir une argumentation stricte, et même, comme en dialectique, une interrogation, qui s'apparente à une réfutation ou à une confrontation, comme au tribunal.

CHAPITRE III

LES GENRES RHÉTORIQUES
ET LEUR STRATÉGIE DISCURSIVE PROPRE

La variété dans le style est de rigueur. Il faut garder à l'esprit que ce qui importe avant tout en matière de style, c'est qu'il soit adapté à la question qu'il faut présenter comme résolue par une forme adéquate. Un style noble s'impose pour des questions importantes, essentielles, car à la noblesse de ce qu'il faut valoriser doit correspondre le style qui permet de le faire. Il faut préférer un style ordinaire et commun pour des questions ordinaires ou triviales. Et enfin, il importe de marquer de la distance en minimisant l'importance des questions qui révèlent une absence d'intérêt (d'utilité) ou d'éthique, en adoptant un style approprié, de minimisation et de distanciation.

Mais Aristote va plus loin dans son analyse du style et de l'éloquence, de l'enthymème et de la métaphore, quand il souligne que ce qui régit l'ordre du discours (et non plus sa *qualité*), c'est le genre rhétorique qui est en cause. Comme on le sait, le genre judiciaire est basé sur l'*ethos* : l'orateur se prononce sur des faits, sur ce qui a eu lieu ou non, et qu'on lui reproche, à lui ou à un autre, parce qu'on estime que les avoir commis est injuste, immoral ou même coupable. Le *logos*, dans ce cas-là, est au fond une qualification des faits : « Ceci est un meurtre » dit l'un, "non", dit l'autre, « c'est un acte de légitime défense ». Le *x* (ou le fait) défendu par l'*ethos* est le même, mais c'est le prédicat *y* qui ne l'est pas, car la défense parle de *z*. Quant au *pathos* du genre judiciaire, c'est l'indignation, ou l'approbation, qu'il s'agit d'éveiller, la mise à distance ou la proximité. Donc, on le voit bien, l'*ethos*, le *pathos* et le *logos* cohabitent dans le genre judiciaire, mais dans des proportions variables, le *logos* et le *pathos* étant subordonnés à l'établissement des faits. La question étant fortement problématique, puisqu'il y a conflit, et même conflit ouvert, l'enthymème, l'argumentation, doit trancher entre A et non-A qui font question, une question qui est sur la table, explicitement, et doit le faire par un débat contradictoire. On a aussi des discours de type judiciaire, mais où il n'y a pas forcément de conflit, même si la question est problématique. On discute et on argumente de ce qu'on peut, veut ou ne peut pas faire, par exemple avant de signer un contrat. Cette absence de débat explicite, non de question sous-jacente bien sûr, est fréquent également dans le discours de tous le jours (épidictique) ou politique (délibératif). Mais, dit Aristote, dans le genre épidictique on n'a pas de code (genre judiciaire) pour trancher ni de passions (genre délibératif) déterminantes qui vont faire la différence pour décider entre A et non-A. On argumente aussi en politique, comme on a des passions dans la vie quotidienne. Le *pathos* comme le *logos* sont à l'œuvre même si l'un des deux est la dimension dominante. La présentation, l'ordre dans lequel l'implicite et l'explicite s'articulent est déterminant. Je puis dire « Il fait froid aujourd'hui ! » et le discours se réduit alors à une seule proposition, celle produite par l'*ethos* sur un fait, et le *logos* est une narration réduite, non à un enthymème, mais à un constat qui évoque une action à suivre. On pourrait ajouter « Il fait froid, (donc) mets ton manteau ! ». C'est plus argumentatif, le *logos* devient une raison délibérative, et le *pathos* répond à la peur d'avoir froid. La narration, bien que privilégiée par le genre épidictique, peut donc être présente, mais fort limitée. Quand le but est de mettre en avant l'*ethos* par la mise en scène d'une action, celle d'Achille par exemple, l'allusion suffit, car les faits sont connus, déposés dans la mémoire (de l'époque), car ils font partie du trésor commun des savoirs préalables dont disposaient sans doute les Grecs dans leur majorité. « Si l'on veut faire l'éloge d'Achille, tout le monde connaît ses actions, nul besoin de narration, il faut seulement en tirer parti »[1]. Et la narration, bien que *logos*, doit mettre en évidence l'*ethos* et le *pathos* qui lui sont subordonnés. Il faut ainsi « attirer l'attention sur le mérite de l'orateur »[2], s'y référer, comme dans l'exemple « moi, je lui disais sans cesse ce qui était juste, de ne pas abandonner ses enfants »[3]. Et le *pathos* ? « En outre empruntez les termes de votre narration à l'expression des passions, sans en omettre les conséquences »[4]. Bref, il y a, sous une forme ou une autre, du *logos*, du *pathos* et de l'*ethos* dans tout acte rhétorique, car ce sont ses composants essentiels. La forme qu'ils prennent, elle, est variable selon les genres rhétoriques. Exemple : « Eschine dit de Cratyle qu'il partit en sifflant furieusement et en agitant les poings : ces détails sont persuasifs, parce que les faits que l'on connaît ainsi deviennent des symboles de ceux qu'on ignore »[5]. Quant

1. *Rhétorique* 16, 1416b 26.
2. *Rhétorique* 16, 1417a 3-8.
3. *Ibid.*
4. *Rhétorique* 1417a 36.
5. *Rhétorique* 1417b 1-3.

au genre délibératif, il comprime la narration, car le futur exige plus de conseils ou de dissuasion que de récits de faits. Cela n'empêche pas de recourir à des exemples pertinents pour suggérer l'action future adéquate. Le genre épidictique, lui, est bien évidemment monopolisé davantage par l'exposé narratif. Il s'apparente dans la forme au littéraire (d'où les exemples d'Aristote).

Le genre judiciaire met en avant les faits, le *"que"*, il porte sur le sujet des propositions qu'on doit établir ; le genre épidictique, porte sur le « *ce que* » (encore qu'on qualifie aussi les faits en droit) ou prédicat ; le genre délibératif joue sur la raison, c'est-à-dire sur ce qui fait que le *prédicat* s'applique au *sujet*, donnant lieu à la proposition rhétorique. Mais on peut mettre en premier l'*ethos*, ce que fait le genre judiciaire : ceci ou cela a-t-il eu lieu ou non ? ; ou le *logos*, en se concentrant sur la prédication (souvent amplifiée), ce qui est le propre de la narration épidictique ; ou le *pathos*, ce que fait le genre délibératif, car les passions se déchaînent dans les assemblées politiques en général, car on s'appuie sur elles quand le futur est le seul point d'appui et qu'il faut se décider et agir. L'enthymème s'efface devant le discours de l'*ethos* comme du *pathos*,[1] du moins en apparence, car le fait d'agir moralement (« *il ne faut se fier à personne, j'ai été abusé dans ma générosité* ») ou d'exposer un *pathos* (« *il a agi par intérêt, moi, par amour* ») ne démontrent rien, mais veulent montrer – toujours dans le but d'une *pistis*, d'une volonté de persuader quelqu'un de quelque chose– et suggérer la conclusion qui en découle. Les exemples conviennent mieux aux discours politiques (il faut aussi des *"quoi"* pour caractériser ce qui fait *question*), comme l'amplification convient mieux au discours épidictique.

---

1. *Rhétorique* 1418a 15-21.

En droit, on commence par questionner les faits (*ethos*), puis on les soumet à une qualification juridique, ce qui les rend répréhensibles, s'ils tombent sous le coup de la loi. Ici, pas d'amplification, mais de l'enthymème explicite. Cet *ethos* renvoie à un « *qui* a fait *quoi* ». On est dans les faits, pas dans la moralité. L'*ethos* n'est pas l'éthique : « Quand vous donnez à votre discours un caractère moral, il ne faut pas chercher en même temps un enthymème »[1]. Ce qui est curieux, car il y a du *pathos* comme de l'*ethos* dans l'enthymème, et donc ce mode d'inférence de conclusions pourrait convenir, mais ce n'est pas le cas, du fait que l'*ethos* met en avant l'orateur et non le processus d'accusation et de défense, qui est basé sur la réfutation. On a besoin de maximes, dit Aristote, pour valoriser sa moralité, cela rend le propos plus « objectif », plus général en tout cas. Ce n'est que lorsqu'on arrive au niveau des faits (*logos*) que l'orateur a besoin de se justifier d'avoir fait ce qu'il a fait. Il s'appuie sur la légalité de ses actes, une légalité définie par les normes générales du droit. Ce sont les lois qui régissent les faits dans leur acceptabilité sociale (et donc, ici, logique via l'enthymème). On voit bien comment l'*ethos*, le *logos* et le *pathos* opèrent dans chaque genre et que cela affecte la narration, l'exorde et l'épilogue de façon distincte.

Comment résumer ce qu'Aristote caractérise comme étant la stratégie discursive, dans les trois genres? Invoquons le principe de *cohérence* : si on affirme que le discours a deux parties, mais trois moments stratégiques, *ethos*, *pathos*, *logos*, qui ont un accent particulier, une accentuation distincte, selon le genre de discours, le délibératif,

---

1. *Rhétorique* 1418a 15.

l'épidictique et le judiciaire, tout s'explique et devient
cohérent.

Comme on l'a vu, l'*ethos* monopolise le genre judiciaire,
avec l'exposé des faits (par recours au juste et à l'injuste) ;
le *logos*, subordonne les deux autres moments ou éléments,
le *pathos* et l'*ethos*, dans le genre épidictique, où l'on
amplifie le beau, tout simplement parce qu'on se soucie
des bons prédicats à utiliser et sur lesquels le genre
épidictique s'appuie. Tout est alors dans une narration
amplifiée, et la disposition part du *logos* par l'éloquence
et le style, adapté au sujet ici aussi. Cela signifie que l'on
va trouver des chaînes de caractérisation et d'attributs
multiples, destinés à rendre le discours agréable et adéquat
(ou convenu, comme dans les oraisons funèbres). Quant
au *pathos*, il est avant tout déterminant dans le genre
délibératif, où pour mobiliser l'action, dans le souci qu'elle
soit utile à tous, il faut de la passion, des propositions qui
tranchent et qui mobilisent et qui pour cette raison, ont un
grand impact sur l'auditoire et ses passions. On peut alors
résumer les choses de cette façon :

Ethos	les faits, les sujets du discours	genre judiciaire
Logos	les qualifications des sujets	genre épidictique
Pathos	le lien propositionnel, expliqué, causalisé	genre délibératif

Un enthymème rassemble toujours ces trois éléments,
puisqu'on parle d'un sujet avec des attributs pertinents,
qui peuvent amplifier le propos ou le minimiser (la
modalisation comprend les deux, et elle est forte dans le
genre délibératif). On a une conclusion que doit inférer
l'auditoire (et qui est proposée dès le début dans le genre

délibératif, où il faut suggérer l'action à prendre). Dans un enthymème, on dira, par exemple, « César a franchi le Rubicon, c'est un homme dangereux pour la République ». L'*ethos* expose les faits *en* question, ou plutôt *de* la question, *selon l'orateur*, ce qui fait *problème* à ses yeux étant la conclusion, et qui doit susciter une action (ou une réaction de condamnation). On n'expose pas le détail de la prémisse manquante concernant la nature du Rubicon, qu'aucun général ne pouvait franchir sans être considéré à Rome comme un traître. L'unité de la rhétorique tient à ce que, malgré la distinction des genres rhétoriques, on peut *présenter* n'importe quel propos qui relève d'un genre particulier avec tous les éléments des autres genres, ce qui fait qu'en dehors des *lieux* spécifiques comme le tribunal ou l'assemblée, les trois genres se mêlent en général au travers de l'*ethos*, du *pathos* et du *logos*, et on les présente comme on veut selon l'intention de l'orateur. On amplifie le *pathos*, on laisse le reste dans l'ombre : « En franchissant le Rubicon, César se révèle un traître qui menace Rome ». On peut aussi se focaliser sur la narration, le *logos*, et simplement affirmer : "César revenait de Gaule, où il avait vaincu des peuples dispersés mais dangereux, et au lieu de démobiliser son armée, il a décidé de la garder à ses côtés". Etc., etc. Enfin, on peut présenter les mêmes faits sous le signe de la prééminence de l'*ethos* : « Moi, je vous dis que César, en franchissant le Rubicon, a délibérément outrepassé les lois de la République ». Dans ces trois exemples de présentation des mêmes faits, quelle est la conclusion ? « César est dangereux pour l'avenir de la République », ou « Luttons contre César pour maintenir la République », ou « César est coupable d'avoir violé les lois de la République », etc. Ceci prouve que, dites ou pas, les conclusions que peut tirer l'auditoire sont multiples et majoritairement convergentes. Bref, on aurait pu dire, si on avait privilégié davantage le *logos* : « César vient de franchir le Rubicon ». C'est tout. Mais on peut aussi appuyer la conclusion. « C'est inadmissible, le danger est à la porte de Rome, la menace est imminente ». Et on aurait pu aussi amplifier l'effet du *pathos* et dire « César est bientôt dans Rome avec son armée, il faut réagir, rassembler une armée à nous, nos libertés sont en jeu ». On passe ainsi petit à petit de l'aspect factuel et juridique à la mobilisation face à la menace, ce que décrit bien le *logos* en amplifiant l'un ou l'autre aspect des choses qui fait passer le propos de l'*ethos* dominant, au *logos* dominant et ensuite, au *pathos* dominant pour mobiliser la résistance à César.

Dans le discours judiciaire, on l'a dit, l'accent est mis davantage sur l'*ethos*, pensons à l'exemple, « cet homme est mort sous les coups de son voisin », avec un *logos* qui qualifie l'acte, et donc l'individu, comme assassin (définition légale) plutôt que comme quelqu'un qui a agi en état de légitime défense (définition légale de la légitime défense, qualifiant le fait). Cela se discute bien évidemment entre l'accusation et la défense, qui, par définition, ne sont pas d'accord. Et la conclusion : « il faut condamner cet homme coupable de meurtre » (ou si la défense réussit, il faut le disculper, car ce *n'*est *pas* un assassinat).

Dans le genre épidictique, on commence par le *logos* qui se veut élégant et éloquent. Exemple : « Il fait très beau, et même chaud. C'est génial ». L'orateur (*ethos*) ajoute : « J'adore ce temps, il est idéal pour aller se promener ». Conclusion (*pathos*, émotion) : « Viens, toi aussi, tu vas aimer te promener ». On peut commencer par la conclusion et se limiter à elle : « Tu as vu ce temps idéal pour se promener ? ». On laisse à l'interlocuteur le soin de conclure avec ses émotions, et le plaisir qui doit s'ensuivre.

En rhétorique, on peut toujours compléter, jusqu'à saturation : « Mets ton manteau ! », ou « Il fait froid, mets ton manteau ! », ou « Il fait froid, tu vas attraper un rhume, donc tu mets ton manteau ! ».

En conclusion, un enthymème, c'est donc une structure *ethos + logos + pathos*, avec chaque fois un ordre spécifique qui s'appuie préférentiellement sur un d'entre eux.

Et ainsi se termine notre analyse de la *Rhétorique*, cet ouvrage-clé qui va marquer à jamais la discipline. Disons quelques mots sur celle-ci aujourd'hui.

DE LA *RHÉTORIQUE* D'ARISTOTE
À LA CONCEPTION PROBLÉMATOLOGIQUE
DE LA RHÉTORIQUE

Aristote a jeté les bases d'une discipline fracturée. Elle l'était peut-être déjà quand il écrit sa *Rhétorique*. La rhétorique des conflits et la rhétorique des figures, le littéraire et le démonstratif, le raisonnement et l'agrément, sont autant de thèmes qui vont diviser de plus en plus la rhétorique, dont les contours apparaissent plus flous que jamais. Il ne faut alors pas s'étonner que les siècles aient amputé « l'empire rhétorique », pour parler comme Perelman, de pans entiers de la discipline, qui ont glissé dans le champ de la théorie de la littérature, de l'esthétique, de la politique, de la psychologie, et j'en passe. Pourtant, dès Aristote, on sent qu'il y a une idée sous-jacente, que le rejet de la démarche interrogative et sans réponse de Socrate va laisser non formulée, à savoir que la rhétorique traite de questions, du problématique, et qu'il y a du déni dans le rejet platonicien du rôle du questionnement, mais que ce rôle n'a pas échappé à Aristote pour autant. Cette attitude de rejet était d'ailleurs normale pour celui qui a codifié le propositionnalisme, où le questionnement est comme un au-delà inaccessible, vu qu'il n'y a dans le discours et la raison que des propositions, et non des réponses à prendre comme telles[1]. D'où l'embarras qu'a toujours constitué la rhétorique pour le propositionnalisme. Car elle y traite de ce qui demeure problématique. Aristote, avec un *logos* de réponses, soumis au style et surtout à l'enthymème, pensait avoir trouvé la solution pour rendre viable une rhétorique propositionnelle.

Mais pour accepter que le questionnement joue un rôle majeur en rhétorique, où clairement on se préoccupe d'alternatives, de prises de parole contradictoires et de débats avec des orateurs qui s'opposent sur une question qui les divise, il faut une théorie du discours qui soit centrée sur les questions, ce qu'Aristote ne pouvait pleinement accepter, donc concevoir. Etant le fondateur de la théorie propositionnaliste du savoir et du discours, il a immortalisé la dualité du couple intra-propositionnel, avec le sujet et le prédicat, sans d'ailleurs en expliquer la raison. Elle est sans doute à chercher dans une métaphysique de l'être réduit à la substance, dont la permanence s'oppose aux accidents, aux attributs, alors que ceux-ci, souvent multiples, spécifiant ce qu'*est* la substance, comme lorsqu'on dit « Socrate *est* grec ». Les prédicats attribués à cette substance-sujet expriment le flux, le mouvement, le devenir, l'accidentel même. Or, la proposition comme dualité sujet-prédicat soulève un problème insoluble. « Socrate est grec » est un bon exemple, classique d'ailleurs, de proposition, comme « Napoléon est le vainqueur d'Austerlitz » ou « La terre tourne autour du soleil (« S est P ») ». Pour reprendre le premier exemple, Socrate est ce qu'il est, il

---

1. A ce sujet, voir M. Meyer, *Qu'est-ce que le questionnement?* Vrin, Paris, 2017.

ne pourrait pas ne pas être ce qu'il est, sinon, il ne serait plus lui-même, à savoir Socrate. Il est donc *nécessairement* lui-même. C'est trivial, me direz-vous. Soit. Mais qu'*est* Socrate ? Il *est* grec, mais il aurait pu ne pas l'être, il a vécu, mais il aurait pu ne jamais exister ; il est chauve, mais là encore, il aurait pu ne pas l'être. Bref, Socrate est nécessairement lui-même, mais tout ce qu'il est, à savoir ce qui le fait être Socrate et rien d'autre, il aurait pu ne pas l'être. Or, on dit qu'il *est* chauve, grec, etc. Une identité qui fait qu'on dit : S *est* P. Donc, il y a contradiction, car Socrate ne peut pas ne pas être lui-même, mais il peut ne pas être tout ce qu'il est. Y aurait-il un surplus d'être, qu'aucun prédicat ne peut capturer, qui fait la substance ? Ce problème hantera toute l'histoire de la philosophie. Comment sortir de cette contradiction ? Il n'y a pas d'autre solution que d'accepter de voir les choses autrement. Il est *question* de Socrate, et la *réponse* consiste à dire qu'il est grec. On questionne le sujet à l'aide du prédicat, et le jugement n'est pas une proposition au sens d'Aristote, un dualisme substance-propriété accidentelle ou essentielle, mais une réponse qui reprend la question comme étant résolue par le dit (dans l'affirmation en tout cas), d'où le dualisme du sujet et du prédicat. Une proposition est une réponse où se trouvent mentionnés ce dont il est question et *ce en quoi* celle-ci est résolue. Dans la phrase « Socrate est chauve », Socrate, dont il est question, est évoqué comme ne faisant plus problème en tant que chauve, car une question a dû se poser à ce sujet pour qu'on en parle. « Socrate est chauve » met en relation *cela* dont il *est* question et ce qui *ferait* question. La différence sujet-prédicat consacre, comme aurait dit Hegel, le mouvement résolutoire dans son aboutissement. Avec leur différence explicite, on comprend bien et la question et la réponse,

sans confusion possible. Si, autre exemple, je parle de
Napoléon, il faut que mon interlocuteur comme moi-même
disposions de réponses préalables sur Napoléon (pas
forcément les mêmes) pour pouvoir en discuter. Elles
peuvent être multiples, indéterminées, implicites, comme
le sont les *endoxa* ou opinions préalables chez Aristote.
Elles ne font plus problème puisqu'elles servent à résoudre
ce qui fait question quand on en parle. Toute proposition
utilise des termes qui sont des condensés de réponses à
des questions *où*, *qui*, *que*, etc., qui ne se posent plus. Elle
est réponse en ce que Napoléon est celui *qui* a fait ceci à
tel endroit (*où*), à tel moment (*quand*), des questions
résolues par les termes que j'emploie qui sont des condensés
de questions exprimées par ces interrogatifs (ou catégories)
comme le *où* et le *quand*, questions résolues et qu'on peut
toujours faire revivre dans le dialogue si besoin est.[1] La
proposition la plus anodine, comme « Napoléon est le
vainqueur d'Austerlitz » se révèle ainsi une réponse à une
chaîne de questions (comme par exemple, « qu'est-ce que
vaincre ? » ou « qu'est-ce que Austerlitz ? »), qui ne se
posent plus. Les termes propositionnels résument et
condensent les réponses à ces questions. C'est pour cela
que les termes qu'on emploie dans le langage de la vie de
tous les jours sont déjà rhétoriques : si je qualifie Napoléon
de « grand homme », je fais de la rhétorique ; si je dis qu'il
est « le vainqueur d'Austerlitz », cela reste rhétorique :
car cela plaira davantage aux Français que si je le caractérise
comme étant celui qui a perdu à Waterloo ou, pour reprendre
un autre grand lieu londonien, Trafalgar.

---

1. Sur tout ceci, voir M. Meyer, *Principia Rhetorica*, Paris, Fayard,
2008.

Comme on le voit, la proposition est une réponse, ce qui est logique si on considère que lorsqu'on parle ou écrit, on a toujours une question en tête. La rhétorique commence quand une réponse soulève une question autre que celle à laquelle elle répond de prime abord, cette autre question est une question d'Autre, et exprime la distance qui sépare de l'Autre. Un Autre, proche ou lointain ; un Autre qui est l'autre en soi, comme le décrit la psychanalyse, par exemple, et qui a toujours trait à ce qui crée la scission en soi, comme le corps par exemple, avec ses instincts, ses pulsions, et le passionnel qui en est une des expressions.

Grâce à la vision du discours centrée sur le questionnement, l'unité de la rhétorique apparaît plus clairement. On débat de questions, parce qu'elles sont sur la table et qu'il faut bien les résoudre comme elles sont, c'est-à-dire comme expressions d'alternatives opposées, A et non-A, incarnées dans les protagonistes. Mais on peut aussi aborder subrepticement des questions en les abordant par ce qui y répond, comme si elles étaient résolues de ce fait même. Pour que cela passe comme cela, il faut de l'éloquence et du style. On « avale » ainsi le problématique dans le résolutoire, grâce au style et à ses figures. Rhétorique des conflits et rhétorique des figures, loin de s'opposer, se complètent, parfois s'appuient l'une sur l'autre, en ce que ce sont deux façons complémentaires – les deux seules possibles – de résoudre les questions : en les posant au départ ou en proposant directement des réponses. Mais adopter une stratégie plutôt qu'un autre ne relève pas de l'arbitraire. Plus les questions sont problématiques, plus elles sont conflictuelles et du coup, plus elles se posent expressément et nécessitent donc une résolution argumentative. Moins elles sont problématiques, plus on peut les avaler dans le répondre, et même manipuler les réponses, et c'est d'ailleurs ce que Platon reprochait à la rhétorique. Peu problématiques, elles sont plus facilement « enveloppables » dans des discours qui les présentent comme résolues, voire comme évidentes. Ces deux façons de traiter le problématique définissent la rhétorique comme argumentation, la dialectique si l'on veut, et la rhétorique pure ou *stricto sensu*, qui se joue dans les formes du discours quotidien et littéraire.

La distance, sociale en particulier, fait qu'on se sent moins concerné par des questions qui nous touchent moins. Le *pathos* est plus faible, la virulence aussi, et on en débat peu ou pas forcément, alors que si la proximité entre les interlocuteurs concernés est très forte, c'est plus passionnel. Une grande distance explique qu'un *logos* plus apaisé peut prendre alors le pas : c'est le genre épidictique, mais le *logos* a toujours trait à la mise en question, même quand la distance est faible. C'est pour cela qu'on évite dans la vie de tous les jours des sujets qui fâchent, et qu'on parle de la pluie et du beau temps. Il s'agit d'éviter d'éveiller des passions, de vexer, de mettre *en question* l'Autre, bref, de tomber dans le conflit. Une question fortement problématique divise toujours. La distance est salutaire, c'est d'ailleurs le maître-mot de la rhétorique, car c'est à elle que l'on a recours pour négocier les relations interpersonnelles, par des symboles, qui sont des réponses convenues, ou comme dit Aristote, des lieux communs, qui le sont autant.

Le discours littéraire, lui, intègre la problématicité à l'intérieur de lui-même. C'est une *fiction* par rapport aux discours habituels, en situation comme on dit, où on a les éléments dont il est question sous les yeux, pour ainsi dire. Le discours littéraire *crée* son propre contexte comme co-texte : il est *poiesis*, puisqu'il construit sa problématique dans la réponse textuelle. Une énigme à résoudre, une histoire à raconter, des sentiments à exprimer, donnent lieu à autant de genres littéraires, tout comme on peut les mêler dans le roman, le genre littéraire qui va dominer les autres au fil du temps. Le texte littéraire est plus ou moins problématique, énigmatique, mais c'est encore une forme de réponse (on pense à la poésie de Mallarmé, de Pound, ou aux romans de Joyce et de Cortázar), comme il peut avoir pour problème de résoudre un problème initial (on pense au roman policier). D'où les variations dans les genres littéraires et romanesques.

Bref, questions et réponses s'articulent dans les genres littéraires, coexistent, se complètent, en s'appuyant sur la modalisation de la différence question-réponse de manière interne au texte, ce qui en fait toute la rhétoricité.

Tout ceci montre bien que l'unité de la rhétorique est possible, réelle même, à condition de la penser à l'aide du questionnement. Ce qu'Aristote avait commencé à accomplir, en nous invitant implicitement à dépasser le propositionnalisme, même s'il en demeure pourtant prisonnier dans toutes ses œuvres, ce qui fait de sa *Rhétorique* un livre inaugural et à la fois très moderne par l'interrogativité sous-jacente qui s'y dessine en filigrane.

TABLE DES MATIÈRES

LIVRE I
L'*ETHOS* ET LES STRATÉGIES DE L'*ORATEUR* : ENTHYMÈMES, PREUVES, LIEUX COMMUNS ET FINS COMMUNES

LIVRE II

LE *PATHOS* : L'*AUDITOIRE*, SES *PASSIONS*, SES *ÉMOTIONS*, AVEC LES *LIEUX COMMUNS* RÉELS ET APPARENTS DES *ENTHYMÈMES*

LIVRE III
LE FOND ET LA FORME : LE STYLE (*LEXIS*) ET L'AGENCEMENT DU DISCOURS (*TAXIS*)

Achevé d'imprimer en octobre 2020
sur les presses de
La Manufacture - Imprimeur – 52200 Langres
Tél. : (33) 325 845 892

N° imprimeur : 201059 - Dépôt légal : novembre 2020
Imprimé en France